人物叢書

新装版

橋本左内

はしもとさない

山口宗之

日本歴史学会編集

吉川弘文館

橋本左内肖像

〔上〕佐々木長淳筆（明治八年記憶をよび起して描いたもの）

〔下〕島田　墨仙筆（大正三年銅像作製のため下絵として描いたもの）

橋本左内の自署

啓発録

去稚心

稚心トハヲサナ心トイフ事ニテ俗ニイフワラビシキコトナリ菓菜ノ類ノイマダ熟セサルヲモ稚トイフ稚トハスベテ水ッサキ処アリテ物ノ熟シテ旨キ味ノナキヲ申也何ニヨラス稚トイフコトヲ離レヌ間ハ物ノ成リ揚ル事ナキナリ人ニ在テハ竹馬紙鳶打毬ノ遊ヒヲ好ミ或ハ石ヲ投リ蟲ヲ捕フ

橋本左内の筆蹟

〔上〕啓発録（安政四年加藤斌及び綱常のために浄書したもの）

〔下〕毛筆による蘭字筆蹟

はしがき

いわゆる幕末の志士といえば、われわれはまず吉田松陰を想起する。松陰については精緻（せいち）な学術研究書から一般教養書を含めて、古くからおびただしい著述があらわされているが、彼とならんで人口に膾炙（かいしゃ）している橋本左内については、意外といってもよいほど書かれたものが少ない。しかも安政大獄において松陰とともに処刑されたというその経歴から、いまなお一部には〝勤王の大旗の下に幕府と戦ひつゝ縦横に活躍奮闘云々（うんぬん）〟（滋賀貞『景岳橋本左内』推奨文。『伝記』二巻一〇号所収）といった考え方を、いぜんとして残しているように思われる。さらにまた左内がその渦中（かちゅう）にあって活動した安政期の政治情勢についても、十分納得（なっとく）のいく説明は与えられていないといってよい。通商条約調印の是非と将軍継嗣をだれに定めるかという問題をめぐってもりあがった反井伊＝幕閣闘争において、松陰・梅田雲浜らと左内との間の差異がそれほど注意されていないのである。したがって左内がいかに考え、どのように行動したかをより正確に綿密にかえりみることは、同時に錯綜（さくそう）した安政の歴史——維新運動の出発点となったこの時代をよりたしかな歴史に書き改めていくことに通ずるものである、といえよう。

わたくしが左内の名を記憶にとどめたのは旧制中学の国語の教科書にのった『啓発録』を通してであったと思う。また旧制高校のころ防空暗幕の中で平泉澄氏の奉賛的諸論文を読んだこともあった。

しかしわたくしが左内に離れがたく結びつけられたのは、九州大学の卒業論文のテーマとして左内をえらんだことにある。『橋本景岳全集』と正面からとりくみ、左内自身の息吹き（いぶ）にじかにふれることによって〝日本精神〟顕現の指導者としてでなく、変革期に生きる若き〝志士〟の苦悩の人間像が、親愛感をさえ伴なってあざやかに脳裡（のうり）にきざみつけられたのである。

以来十年後の今日に至るまで専ら幕末維新の政治史・思想史的研究にたずさわってきたが、わたくしの貧しい研究は左内を土台にしているといってよく、事実壁につき当ってはしばしばまた左内へ帰っていくのである。わたくしにとって左内は、あたかも研究の上での故郷のようなものである。

この小著をあらわすに当り、学生・助手時代から今日に至るまでつねに変ることなきあたたかな御教示と御叱咤(しった)を賜わり、菲才不敏(ひさいふびん)のわたくしに執筆の機会を与えて下さった恩師竹内理三先生の御懇情を忘れることができない。またたえずわたくしの牛の歩みを見守り力づけて下さる恩師森克己先生によって、わたくしは勇気をふるい起すことができる。さらに恩師西尾陽太郎先生には、お忙しい中に逐一(ちくいち)原稿にお目を通して頂き、不備を御指摘下さった。なお箭内(やない)健次先生をはじめとする九州大学国史学研究室の諸先生ならびに先輩同学諸兄の有形無形の御激励をいただくことによって、はじめて小著は成るを得たのである。また左内の後裔にあたられる東京大学史料編纂所玉村竹二助教授が、竹内先生を通して、全集未収の左内自筆本写本のマイクロ・フィルム借覧を許され、かつ系図作製にあたりいろいろお教え下さったこと、史料蒐集(しゅうしゅう)に際し福井大学斎藤静名誉教授から少なからぬ御援助と御声援をいただいたことは、この上ないよろこびであった。この小著が、恩師諸先生の御高恩の万分の一にもお報いすることができぬのみか、むしろその御高名を汚(けが)しはしないかと恐れる。

最後に小著の成るを見られずして昭和三十一年五月忽焉(こつえん)として逝(ゆ)かれた慈愛ぶかき恩師旧七高教授岡潤吉先生のみたまに、またわたくしの八歳の夏他界し、今年二十四年祭を迎えた母ユキに、研究生活十年を記念するこの書を、深い感慨をこめて捧げたいと思う。

昭和三十六年十二月

山口宗之

目次

口絵

挿図

第一　生い立ちと時代

一　出生

眉目（びもく）秀麗、いくらか撫（な）で肩で五尺そこそこの小軀（しょうく）、しかも弁舌（べんぜつ）あくまでさわやかでその綿密雄大な構想は藤田東湖・武田耕雲斎・西郷隆盛ら先輩有志を瞠目（どうもく）させ、敬仰（けいごう）せしめた青年。安政政局の焦点――開国問題と将軍継嗣運動とのからみ合う中にあって、縦横に活躍し、二十六歳の若さで大獄の弾圧の中に有為（ゆうい）なるべき生涯を終った景岳橋本左内。

彼は、天保五年(一八三四)三月十一日越前国福井城下を貫流する足羽（あすわ）川の橋北、城下最繁盛の一劃たる常盤町に、藩奥外科医をつとめる橋本彦也（げんや）長綱の長男として生をうけた。吉田松陰におくれること四年、大塩平八郎の乱に先立つこと三年であり、同年の生まれには明治の啓蒙思想家福沢諭吉がある。

松陰との関係

松陰とは互いに名を聞き知っていたがついに面接する機会をもたなかった。江戸伝馬町獄舎で左内は松陰の東奥の檻房（かんぼう）に幽閉されること五―六日であったが、松陰へ二つの詩を贈

吉田松陰への贈詩

っている。松陰は左内と半面なきを嘆じ、一議論さえなしえなかったのを遺憾としたのである(『留魂録』)。

名乗りと号

左内は通称であり名は綱紀、字は伯綱・弘道といい、景岳と号した。なお藜園・容安・篤斎・松亭・挹翠・桜花晴暉楼などの別号をもっている。

曾聴英籌慰鄙情。要君久欲訂同盟。
碧翁狡弄何限恨。不使春帆颿太平。
有人嘗伝君詩云、昨夜太平海、快風馳布帆。故転結及。
磊落軒昂意気豪。聞言夫君胆生毛。
想看痛飲京城夕。扼腕頻睨日本刀
無名氏

景岳の号の由来

景岳の号の由来については十二歳のとき「宋の岳飛を慕ひ自ら景岳と号す」とあり(『年譜』)、また十六歳から十九歳にいたる大阪遊学中知り合いの書店の主婦の病いを治癒せしめた謝礼として「至宝」と書いた岳飛の石摺額を得たという逸話がのこっている(『逸事』)。彼は景岳の号をもっとも早く名のり、公的な場合にも多くこれを使用した。書翰の署名にもしばしばしたためたようである。

藜園は後年幽囚謹慎の生活に入ってのち使用したらしく、遺稿『鈐韜雑録』安政六年三月二十四日付にみえるのが唯一の例である。容安については遺稿『容安訳稿』があるが、書翰その他署名にはひとつもみられない。桜花晴暉楼については松平慶永撰『橋本左内小伝』に「後取㆓鈴屋翁国風の意㆒、自称㆓桜花晴暉楼㆒」とみえ、本居宣長を敬慕してこれを号した、とされている。平泉澄氏はこの号の由来を彼の国学的教養の深さにもとづくとし（『橋本左内先生とその周囲』『武士道の復活』）、大久保竜氏も「いかに深甚に、雪江（せっこう）を通して、宣長の古道説の影響を受けてゐたか」を強調している（『橋本左内研究』）。しかしながら、この号は彼の全遺稿中ひとつも発見することができない。なるほど左内は宣長の名を知り、これを敬して一時的にそれを号したのであろう。けれどもそれによって彼の国学的教養が深かったとか、国学精神に感化されたとかは、いうに足りないところである。

二　家　系

系図によると橋本家の淵源は遠く八幡太郎源義家にまでさかのぼるが、実際にはその九代の裔（えい）で、室町時代中期幸若舞（こうわかまい）の創始者たる桃井幸若丸直詮（もものいこうわかまるなおあき）（直安）が先祖であるといわれる。

直詮は朝廷に召され音曲を奏することがあり、従五位下に任ぜられ、のち越前に住んだ。以後子孫に幸若舞の家芸を伝えたが、五代茂勝は秀吉に徴(め)され名護屋に赴き禄を給せられ、のち家康からも給禄されている。六代正信・七代長氏いずれも紀州徳川家に仕え、正信は三百石十二人扶持を支給されたが、長氏の四男長

橋本長徳

徳は母方の姓を冒(おか)して橋本と改めた。左内から数えて八代の祖にあたる。二十二歳のとき江戸へ行き、幕府侍医西玄甫(げんぽ)について外科を学び、玄貞と称した。技長

長徳の福井藩聘用

ずるに及んで元禄元年(一六八八)二月越前福井藩主松平昌親(まさちか)の謁見を受け、二十五石五人扶持をもって聘用(へいよう)されることになった。同四年八月福井常盤町に居を占め、以後玄祐(げんゆう)長貞・春貞(しゅんてい)長恒・春安(しゅんあん)長則・春安長恭・春貞長義と代々藩医としてつづき、左内の父長綱に至っている。

三　家　庭

父＝橋本長綱

長綱、字（あざな）は君羽（くんう）、通称彦也（げんや）（はじめ兵庫之助・大膳・春蔵と称したが、のち藩主の命により彦也と改む）、海量・発陳堂主人と号した。文化二年閏（うるう）八月十二日出生、もと藩医田代道元斎春綱の三男であったが、文政四年七月先代長義の養嗣子となり八月家督相続、文政十二年長義と同じく紀州藩花岡青洲に外科を、京都の名医某に内科を、香川満貞について産科を修めた。福井藩の医師で他国へ遊学したのは彼が最初であったという（『父長綱の略伝』）。天保四年九月奥外科となり、十一年本道兼帯を命ぜられた。当時医学は内科（漢方）を本道とし、外科・眼科は雑科として蔑視（べっし）されていたため、この命は栄誉とされるところであった。嘉永元年十二月奥医師順席、同四年二月御匙（おさじ）医師見習外科兼帯、同年十月御匙医師奥外科兼帯、同五年御匙格をもって御留守居詰を命ぜられている。

長綱の蘭方医学への関心

彼は西洋医術に強い関心を寄せ、長崎の蘭方医猪俣（いのまた）瑞英（伊東玄朴の妻の兄。滋賀貞『景岳橋本左内』）を自宅に招いて研習し、また率先して囚人の屍体を解剖するなど、福井藩における西洋式治療の嚆矢をなした（同）。かつて藩主松平慶永が脛骨疽にかかることがあったが、侍医たちはいずれもよく治療しうるものがなかった。そこで長綱を召し寄せて診察させたところ、腐骨を除去すればよいことが分った。ところが藩のしきたりでは奥医師でなければ藩主の治療に当ることができないようになっており、周囲のもの皆反対したが、ついに公命に接し、長綱は所信にしたがって患部を切開、腐骨をとり去って治癒せしめた。慶永はいたく喜んでこの腐骨を記念として長綱に与えたが、この功績により長綱の奥医師昇進・奥外科兼帯が実現したといわれている（『父長綱の略伝』・滋賀貞『景岳橋本左内』）。

しかしながら彼のこの異常な昇進は同僚の藩医たちから羨望と嫉視をもって迎えられたことは想像に難くない。しかも「人と談話する毎に、談笑活潑、人をして驚愕せしむるの奇語を発す、性武を嗜むの気象あり、曾て言ふ、たとへ医者たるも両刀を帯するときは、其を以て運転するの技術を知ずんばあるべからず」といわれた長綱である（「岡部養竹記長綱の逸事」）。かくのごとき真摯なる医術への沈潜とはうらはらに、それとは全く異なる一面のあったことを忘れてはならない。真の志はむしろ医術の外におかれていた。その遺稿『述懐並引』に、「顧みて往時経済の大業を廃して、今才かに身を刀圭の小技に寄す云々」とあり、医術に従うのをいさぎよしとしない志をのべているのである（滋賀貞『景岳橋本左内』）。

嘉永四年の暮、長綱は入浴の際に辷って肋骨をうち、しばしば咯血・病臥する身となったのであるが（『父長綱の略伝』・大久保竜『橋本左内研究』）、五年十月に至る間の病中の詩に、「夢ニ横井碩学ニ遇ヒ酔話数刻、碩学近作ヲ問フ、即チ一詩ヲ示ス云々」というのがある。横井小楠が福井を訪れ声名を高めたのは同じ嘉永四－五年のことであるにしても、もちろん長綱が現実に小楠と詩を批評し合うほどの識を通じたのではないらしいが、これによっても長綱の意図をうかがうことができよう。かくのごとく医者であって医者の世界に安住せず、むしろ多分に志士的な気概にもえる父をもったということは、後の左内の形成に少なからぬ影響を与えることになった。少年左内はこの父の生き方の中から自らの歩む方向を見出すのである。

母＝梅尾

母は福井藩治下坂井郡箕浦（みのうら）村の真宗派大行寺住職小林静境の娘で梅尾といった。橋本家にとってはいわゆる夫婦養子であったわけである。左内は幼時、父より母の方がおそろしいと友人に語ったといわれ、のち左内の江戸遊学中福井の大火で橋本家が類焼したときも左内をよび戻すことを肯（がえん）じなかったこと（滋賀貞『景岳橋本左内』）、実家が真宗

母　梅尾

である故に、日蓮宗たる橋本家に嫁するにあたり、念仏の信仰をつづける条件をつけたこと(玉村竹二氏示教)などから想像されるように、賢母タイプの人であったと考えられる。

左内はこの母に厚い敬愛の念をもって対したようである。幽囚の生活に入ってのち母ととり交わした書翰には、母の憂いを慰めるとともに、こまごました身辺の雑事についてものべられてあり、これをひもどくものにほのぼのとした人間味を感じさせる。

この父母の間に左内は七男二女の同胞をもった。もっとも三人は夭折(ようせつ)し、姉烈子、弟綱維(つなこれ)・同綱常(つなつね)が残った。烈子は鯖江藩士木内(きのうち)左織に嫁し、綱維は左内刑死後その遺跡を継いで陸軍一等軍医正・大阪鎮台病院長に任ぜられ、明治十一年(一八七八)六月二十五日死去。綱常は軍医寮七等出仕、プロシア留学後東京大学教授・赤十字病院長・宮中顧問官を歴任、累進して陸軍軍医総監・学士院会員となり従

姉　木内烈、弟　綱維(左)・綱常

二位子爵を授けられ明治四十二年二月歿した。

四　少年の志気

幼時の師

七歳にして漢籍・詩文を藩医舟岡周斎・妻木敬斎・勝沢一順に学び、書道を藩の祐筆久保一郎右衛門・萩原左一・小林弥十郎に修め、八歳のとき藩儒高野真斎について漢学を学んだ。

前記六名についてはつまびらかでないが、真斎は朱子学者であったといわれる（滋賀貞『橋本左内』）。十歳のとき『三国志』を通読してほぼその意を解するようになり、十二歳剣術を鰐淵幸広、柔術を久野猪兵衛に修め、一方島田雪谷について画にも手を染めた。医家の長男たる左内があえて武術を修行したことについては、性来武術を嗜む父が、たとえ医者であっても両刀を帯する以上、これをあつかう技術を心得ておかねばならない、という意見を持っていたことによる、と岡部養竹はしるしている。同じ年藩立医学所済世館に入り漢方を修めた。

このころの左内はいかにも老成した感じの少年であった。朋友と争ったことがなく、禽虫を捕えるものあれば大人のごとき口吻で諄々非を説き、時に父をして驚歎せしめたほどであり、食膳についても書物を放さず、友人と会読してしばしば夜半に及んだと伝えられる(『先生の逸事』)。

しかもそれは単に温和な性格として片附けられるべきものではない。同じころ

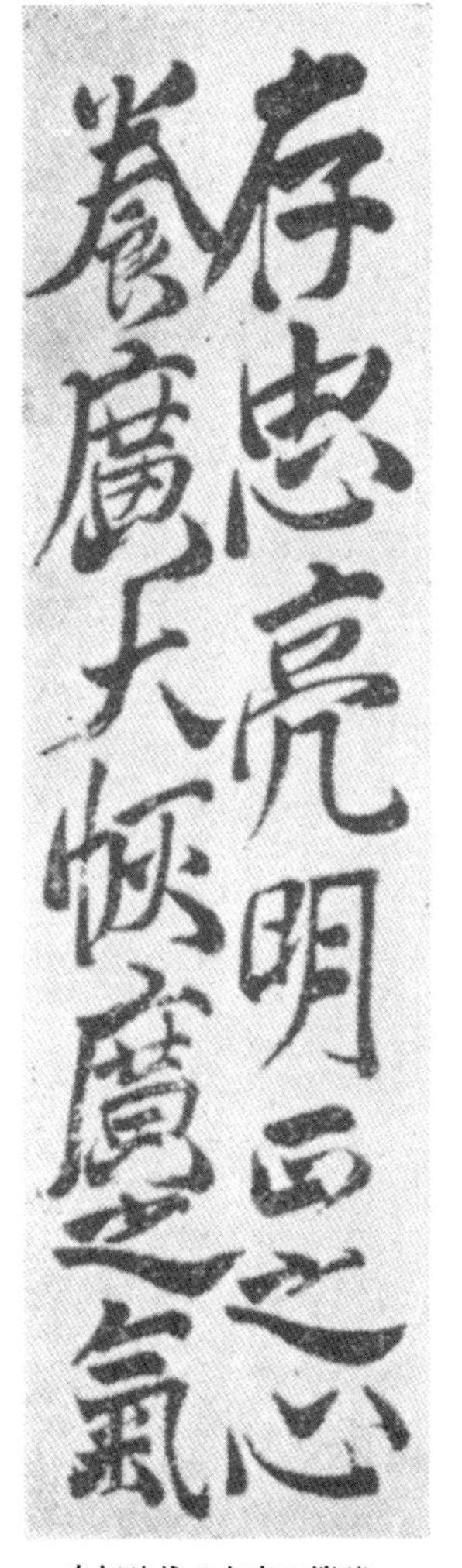

少年時代の左内の筆蹟

塾の友人が手を傷つけ、医家の子左内が治療するよう求められたところ、やにわに焼ごてをあてようとした。友人が驚いてその理由を問うと、やけどの治療法なら知っている故、生傷を一旦焼傷にし、その上で手当しようと答えた（同）。この話は彼のもつ合理主義的な一面をあざやかに示している。

十四歳詩文に習熟して詩友鈴木蓼蔵・文友矢島立軒と諸家の作品を評品し、十五歳に及んで朱子学者にして崎門学の道統をひく藩儒吉田東篁に入門、断然群を抜く学才をあらわし、東篁をして「其の居止殆ど成人のごとし」と感歎せしめた（「橋本弘道ノ浪華ニ遊ブヲ送ルノ序」）。

吉田東篁

東篁への入門については十二歳・十五歳という二説がある。十二歳説をとるものに平泉澄・芦田伊人氏あり、十五歳説に滋賀貞氏がある。しかるに嘉永二年秋左内大阪遊学に際しての東篁の送序に、「去歳初メテ予ノ門ニ遊ブ」とある。序文を贈るほど嘱望した左内の入門であれば、東篁も恐らくは正確に記憶していたであろうから十五歳説をとるのが妥当であろう。

しかるにここで一言ふれておきたいのは、従来左内を語るにあたり、左内が東篁からつよい影響をうけ、東篁の感化が左内をつくり上げるのにあずかって力あった、という考え方が一般に行われていることである。池上幸二郎氏編『崎門道統略図』によれば、左内は東篁直系の弟子として崎門学を承けたことになっている（伝記学会編『山崎闇斎と其門流』）。

鈴木重弘の『東篁伝』などによれば、東篁は単なる書斎の儒者でなく、詩文・書道を末技としてかえりみず、実践窮行の学を説き、経世済民を理想とし、政治の中に活舞台を求めんとしたという。そこには、おのずから左内へつらなる共通の立場があったというべきであろう。ところが左内は、自らを啓発した恩師として東篁を仰ぐといった態度はとらなかったようである。すなわち同時代の尊敬する人物としては水戸の藤田東湖をあげている。逆に東篁の人となりやその学問の程度については、批判がましい言葉をのべているほどであり、幽囚後、弟琢磨（たくま）（綱常）の訓育を托すべき人物として半井仲庵（なからい）・長谷部甚平、あるいは田代道玄をあげ、東篁の名をもち出していないのである（安政六・七・一〇、母宛書翰）。左内の人間形成にあたって東篁の存在は無視できないが、それをあまりに過大評価することはつつしむべきであろう。

同じく十五歳のとき左内は有名な『啓発録』をあらわした。これは少年左内の内省録ともいうべきものであるが、また彼の目に映じた危機の時代への警世の意味をもこめたものであった。彼は「今若シ天下ニ事アラバ、手柄（てがら）功名ハ却（かえっ）テ百姓町人ヨリ出デ、（中略）士ヨリハ出デ申サザルベキカト思ハレ、誠ニ嘆カハシク存ズル」とのべる。ここで彼は士道の頽廃に着目し、今の武士は両刀をこそ帯びているが、その実商人・樽拾（たる）いより劣っており、両刀を奪ってしまえば、町人・百姓の上に立つ資格のない者が多いと罵倒した。しかもそのような士が四民の上層に位し、安穏に暮しているという事実を矛盾としてうけとらず、これを高大な藩主の恩顧の故とし、この君恩に報ずるため大功を立てねばならぬと結論する。

封建制の衰頽があらわにした矛盾に一応はめざめつつ、それの克服の途は逆立ちの論理の中にしか見出されなかったのだ。弛緩した武士階級を抑えて、百姓・町人層が力強く成長していくことを社会秩序の危機とみる彼の憤懣は「嗚呼如何セン、吾身刀圭(医者)ノ家ニ生レ、賤技ニ局々トシテ吾初年ノ志ヲ遂ル事ヲ得ザル」ことに向けられていた。

五　時　代

左内が歴史の表面に登場するのは安政に入ってからであるが、ここでその前舞台ともいうべき天保―嘉永という時代、及び彼の活動のバックとなった福井藩について少しく語る必要があろう。

水野忠邦の登場

天保の改革

左内が呱呱の声をあげた天保五年（一八三四）は、その同じ三月、水野忠邦が老中の座につき、やがて七年後（天保一二年五月）の天保改革の幕が、まさに切って落されようとする直前の時期である。この改革は前代の享保・寛政両度の改革の精神をうけ継ぐものであった限り、基本的にはあくまでも封建的な自然経済を維持し、徳川幕府による支配体制の強化・再編成をはかる意図に立つものであることはまぎれもないが、すでに諸国の商品経済の発展は、一片の法令をもってはどうしようもないほど進んでおり、したがって支配者の側からは、いかにしてその成果を自らの支配の中にくり込むかがもっとも重要な課題であった。ここにこの改革が基本的性格としての封建制の段階をこえ、絶対主義への傾斜をもつと規定された所以があるわけである。

藩政改革

諸藩においても行きづまりは幕府と全く同じく、いずれも深刻な財政難にあえいでおり、発展する時代の流れの中に、いかにして権力の立直しをはかるかが問題とされていた。

この中にあって福井藩は幕末屈指の名君といわれた松平慶永を擁して、きわめてユニークな歩みを明治維新史上に印しているのである。

福井藩

周知のように福井はもと北ノ庄と称し柴田勝家の所領であったが、関ヶ原役の直後慶長五年（一六〇〇）十月、家康の二男で秀忠の兄たる松平秀康が初代藩主に封ぜられた由緒をもち、徳川将軍の連枝・家門の家格を誇る雄藩の一つである。はじめ六十七万石を領したが、二代忠直の豊後流罪により三代忠昌の襲封にあたって五十二万五千石となり（このとき北ノ庄を福井と改めた『真雪草紙』〈松平春嶽全集一〉）、六代綱昌のとき病気のため蟄居を命ぜられ半知二十五万石に減ぜられたが、九代宗昌襲封時松岡領五万石を加えて三十万石を給せられ、さらに十三代治好のとき二万石を加えて三十二万石となり、以後最後の藩主茂昭にいたるまでこれに定着した。

藩財政の窮乏

度かさなる藩知行高の変動は、藩政を極度に動揺させ、はやくも明暦元年（一六五五)から十三年間にわたり勝山領の物成を借りることがあり、寛文元年(一六六一)幕府の許可を得てはじめて銀札を発行し、同八年には藩士に「御勝手元不如意に付知行之内指上度旨」を申出さしめるに至った(『福井県史』二・その他)。さらに貞享三年(一六八六)三月従来の知行高が半減された結果、士分・与力・歩士・足軽計千八十余人が祿仕を離れることを余儀なくされたが、元祿に入ると天災がつづいて藩財政はますます窮迫し、用金の賦課・貢租の増徴という常套手段がとられることになる。とくに十代宗矩の治世には天変地異相ついで起ったため用金の賦課も頻繁となり、享保十二年(一七二七)八月五千両、元文元年(一七三六)六月一万八千両、寛保三年(一七四三)八月六万五千両、寛延元年(一七四八)一万両とうなぎ上りに増加した。しかも「農民等納貢を完ふせざる時は、家財没収の上散田を追放せらるるを法と」した誅求が行われた(同)。享保十九年九月南条郡糠浦における一例として古箕・古莚・古箸・小便桶にいたるまでことごと没収され、その値銀六匁九分にすぎぬという話は、われわれの胸を痛ましめる（同）。

しかも宝暦・明和・安永・寛政にかけ火災・洪水・風雪の災害はほとんど連年に至り、疲弊ことにはなはだしいものがあった。宝暦十年（一七六〇）五月のごときは、借米のため藩札の流通も渋滞し、大阪の富商牧村某が宝鈔の背面支禽模様の側に私印を加えてはじめて流通するというほどであり、安永期には藩の財政状態すこぶる乱れ、ほとんど整理不可能となった。

かくのごとく藩の勢いとみにあがらず、あげて疲弊の底にしずんだのであるが、一方において全国を一つの市場にまきこまんとする商品経済の発展の波は、この福井にもうち寄せつつあった。

商品経済の発展

一体福井藩は北陸に位置している関係から、この点については比較的おくれていると推測され勝ちであるが、事実はすでに元禄の頃から全国特産物中に越前の奉書紙が数えられているほどであり、その後茶・藍・漆・綿・麻・煙草などの商品的作物の栽培が行われており、農村への商品経済のしみ込みはむしろ早かったと考えられる。

藩の国産奨励と統制

藩は財政救済のため国産の奨励と専売制による運上金徴収とを志して、十二代重富の治世下、寛政十一年二月酒造冥加銭を加徴し、五月布帛類会所をもうけ、「絲商ひ致候者は地売他国共に右会所に絲改持参、改印形を受け売買致す可」きことを令した(同)。十三代治好の文政六年二月には阿波から藍玉を輸入して藩の専売とし、その外領内特産物である鎌・紙についても各問屋に強力な統制をしき、運上金増徴の対象とした。また十四代斉承になると文政十一年十一月紀州塗物外二十七種の他国産の品物を輸入することを禁じ、翌年八月「衣服之儀、布・木綿の義は勿論惣じて御国産之品相用ひ申すべき事」と令して国産の奨励をはかり、農を捨てて小商人に転ずるを禁じ(天保三年正月)、他国商人の勝手売買を禁止した(同五年正月)(同)。

農民一揆

ところがこのような藩の政策は、それが藩財源の窮乏をみたさんためのものである限り、民生安定の上に国富を築くというほんらいの意味での殖産興業策となりえなかったことはいうまでもなく、事実藩の財政は決して整理・好転されえなかった。かえって生産者層を行きづまらせることになり、農民の上にしわよせされていくのである。慶長十二年（一六〇七）以後慶応二年（一八六六）に至る二百六十年間の総計四十五件、うち寛政三件・文化六件・文政三件・天保八件という農民一揆の頻発はそれを物語る（黒正巖『百姓一揆の研究続編』附録百姓一揆年表）。しかも寛政・享保・文化・文政と火事・洪水そして凶作が息つく間もなくおそってくる。また文政元年七月城下の出火は延焼千二百戸に及び、同十二年城下五百戸を焼く大火。天明以後断続した風疾の流行またははげしく天保三年春から六年へかけ猛威をふるい、領内各地に餓死する者も出た。災害にいためつけられた農民の上に、藩の費用として、あるいは幕府から割りあてられた用金は連年のごとく課せられる。

天保六年十五代斉善のときには、「借財之仕法も尽き果て」「年々二万六千両程づつ不足相立ち」「入国も出来難き躰体」であり、もうどうしようもなくなっていた。七年二月、ついに藩は増高の儀について幕府に嘆願書を出している。しかもまた天保七・八年のいわゆる天保の飢饉の惨状はひどく、「飢疲れて路頭に倒れ死したる者数をしら」ぬ有様で、「人口劇減し、（中略）その結果として産業荒敗し、幣制亦紊乱の極に達し」、「未曾有の凶作にて国民共露命も取続兼候之模様にも相成候節故、如何成惑乱出来候も計り難し」といわれる状態となり、恢復は容易のことではなかった（同）。

かくのごとく藩初以来天保期に至るまでの福井藩二百数十年の歩みは、半知に苦しむ武士にとっても、貢租にあえぐ農民にとっても（同）、苦難と疲弊の連続であったといってよい。

松平慶永の登場

このとき――天保九年十月、将軍家慶の命により三卿田安家より入って襲爵したのがのちの春嶽＝松平慶永、ときにわずか十一歳の少年であった。当時「権臣国政を専らにし、凶歳の後を承けて領内の秕弊其極に達し」、新旧の借財は九十万両にのぼり、十五歳の由利公正が「国の貧乏は残念なものである」と痛感した状態であり（『由利公正伝』）、藩政のもっとも腐敗していたときといわれる（加藤亥八郎「越前藩における改革とその構想」『日本史研究』一八）。

松平春嶽

慶永の改革

このとき慶永は齢志学（十五歳）にみたぬ少年にすぎなかったが、疲弊した藩財政を立直すため強力な改革にのり出すのである。すなわち襲爵の翌々天保十一年（一八四〇）三月、食事は必ず一汁一菜、衣服は木綿に限り赤裏をつけることさえ禁じ（滋賀貞『景岳橋本左内』）、政治向はすべて手捌きという方針で倹約を令し、みずから手許費年額の半ばを節した。

安政二年には、先代斉善の治世下十二万両を要した歳費を、わずか三万両ですましている（『安政丙辰日記』）。

その外天保十年二月向う三ヵ年の封禄の半減、同じ三月向う三ヵ年の扶持米の借用を令し、天保十四年十一月には藩札の整理にのり出し新札一枚をもって二枚にかえ、同十一年二月には札所元締三国与之助に命じて資金二万両を調達せしめ、国産の奨励をはかり、嘉永二年には他国よりの輸入を禁ずるなど、次々に手を打っていったが、弘化のはじめ、「而も猶藩の窮乏は依然た」る状態であり（『福井県史』二）嘉永五年にいたっても年二万両が不足し、「金と云ふものは福井では見られぬ」有様であった（『由利公正伝』）。旧来のごとく用金の賦課もしばしば行わざるをえず、弘化元年八月には三国の豪商内田惣右衛門らに依頼して累年の借財を整理させ、三国その他の商人に一万両余を借り、翌二年四月さらに内田らから向う三ヵ年五万両を借らざるを得なかった(『福井県史』二)。慶永の若き情熱をもってしても大した成功はえられなかったのである。

それは何といっても国産の奨励が藩の収入をえるために採用された結果、用金賦課・倹約令という反動政策とむすびついて直接生産者層の地位の改善を伴なわなかったこと(信夫清三郎『マニュファクチュア論』)、またこの改革が聡明な藩主自身の発意によって行われたことから、藩権力の危機が藩士全体のものとなり、この危機を背景にした藩内政争の中から改革的下士層が藩政に進出することが不十分だったからであり、藩権力が特権的商業・高利貸資本と結びついても商品生産の発展の成果を十分藩の支配下にくみ入れることができなかったことにもとづく、と説明されている(川崎新三郎「福井藩」『世界歴史事典』)。

更にまた当然考えられることは、年少気鋭(きえい)の、しかも他家より入った藩主の革新的エネルギーを制禦し阻止しようとする守旧派勢力の存在である。慶永は先代以来一藩の政治を牛耳った執政松平主馬を罷免・蟄居させ、山県三郎兵衛に代えたのであるが、それだけでは新政の前途が十分にひらけたといえない。

もちろんこの頃の左内は、いまだ十歳にみたぬ幼年である。この時期、すなわち藩政改革の発端時において慶永をたすけたのは執政本多修理（敬義）・参政鈴木主税・側用人中根雪江であった。いずれものちに左内登用に際し一臂の力を貸した人々であり、藩政改革の最初の担い手であった。

本多修理
鈴木主税
中根雪江

(1)鈴木主税、名は重栄、字は叔華・純淵。もと海福氏。天保十三年八月寺社奉行になったが、明決・清廉の名高く、悪税を廃するなど民政に心をくばり、歿後「世直し明神」として農民の信奉を受けたほどであった。嘉永元年九月側締役にすすみ、慶永の機密に参じて、安政元年参勤制を改める議・軍艦製造の議を画策、この時期における慶永の輔佐啓沃にあずかって力あったといわれる。

(2)中根雪江、名は師質。はじめ靱負と称したがのち雪江と改めた。若いとき江戸に遊び、平田篤胤の門に学んだ経歴を持っている。鈴木とともに慶永に抜擢されて天保十四年八月側用人となり、学制・兵制の改革につくすこと大であった。つねに慶永と休戚を同じくして家老格にまで進み、維新後徴士となっている。大久保竜氏によれば雪江は左内に本居宣長の学を授けた恩師とされる（『橋本左内研究』）。しかし左内は雪江の学識をそれほど買っていないのである。安政四年六月二十五日左内に宛てた桑山十兵衛の書翰には、「兎角中参（雪江）学問之存じ込み薄き方にて、中上方も自然疎濶に相成り、俗に云、御心安立と申す様に相見え申し候、貴方よりも尚又御鞭策仰せ進められ下され度く候」とみえ、雪江の学識の低きを歎じ、弟子であるはずの左内にそれ以上の鞭策を求めていること、また雪江が左内より二十六歳も年長でありながら〃老兄〃と尊称し、鄭重なる言葉で左内以外に頼るべき何人もいない（安政四・六・二五左内宛雪江書翰）というのをみれば、国学の授受を媒介とした両者間の師弟関係は存在しなかった、といえよう。

中根雪江

勝海舟撰の小伝に、「初君専唱ニ鎖攘之説一、而後迨(およんで)下与(と)二橋本綱紀・横井小楠一論(ずるに)上之(を)、幡然(はんぜんとして)有レ所レ悟(る)」、開国思想を抱くに至った（『昨夢紀事』一）

とあるように、問題はむしろ逆に左内が雪江を啓発することが多かったと思われる。

けれども慶永の改革の構想はたんに財政整理の段階に止まるものではない。わが国が太平の夢を貪(むさぼ)っている間に欧米列国の勢力は老大国清(シン)をまきこみつつわが辺境に迫り、明和・安永以降外国船の北辺・西陲(せいすい)に出没するもの次第に頻繁となりつつあった。林子平が「細(こま)カに思へば江戸の日本橋より唐(から)・阿蘭陀(オランダ)迄境なしの水路也、然ルを此に不レ備して長崎のみ備ルは何ぞや」と警世の声をあげ（『海国兵談』）処罰されたのは寛政四年（一七九二）五月のことであるが、それを追いかけるようにして同年九月、ロシア使節ラックスマン A.K. Laksman はわが漂流民を送って根室(ねむろ)に来り、開国を要求した。寛永鎖国令の実施以後、外国から公然開国を求められた嚆矢(こうし)である。更に文化元年（一八〇四）ロシア使節レザノフ N.P. Rezanov が長崎へ来て開国を求め、同五年八月には英艦フェートン号の長崎侵入・掠略(りょうりゃく)事件がおこり、その外にも外国艦船の開国を乞うもの次第に増加するに及び、幕府当局ならびに識者の海防への関心はようやく高まりつつあった。このような情勢の中で弘化三年（一八四六）八月、突如として朝廷は海防を厳にすべき旨の勅書を幕府に下したのである。

当然のごとく若き藩主慶永もこの趨勢に着目した。天保十三年（一八四二）領内海防の兵員を増して外警にそなえ、翌年水戸徳川斉昭を訪問して教示を仰いだ彼は、水戸的攘夷論の影響を多分に受けつつ軍制改革＝洋式兵制の採用へふみ出す。弘化四年、藩士西尾教寛・教敏父子を江戸の砲術家下曾根金三郎の門につかわして西洋流砲術を習わしめ、嘉永元年（一八四八）八月洋式大砲数門を鋳造、二年六月もと安芸藩の浪士、蘭学者市川斎宮を招聘して兵書を訳読させ、三年四月御家人に列してこれを優遇した。同年十二月西洋砲術書類により御家流砲術を制定、従来高島流であったのを以後流派を争うことなからしめ、五年弓組を廃して鉄砲組とし、六年蘭学者坪井信良を招き、六月十二斤野戦砲九門を鋳立て、阿部正弘秘蔵の砲術書『スチール』を借りて市川斎宮に翻訳させた。安政元年（一八五四）江戸の小銃師を招いてスラークケウェールを製造せしめ、三年正月ベルキュッシイ筒新調のため幕府に借用を申し出で、四月領内三国表新保鱒網場・宿浦水戸小屋前・米ケ脇潟海苔崎に台場を新設せんとして幕府に願い出で市川斎宮に監務させ（七月着手）、四年八月かねてオランダ注文の六梃込短筒三箱が到着した旨幕府の通達あり、九月二本檣コットル船を起工、五年正月ライフル銃を幕府から借りて大野某に製作させ、三月爆発馬上銃百五十挺・爆発槍銃五百挺のとり寄せを幕府に乞い、堀田正睦の家臣木村軍太郎の西洋馬術を採用し、藩士をフランス流打鼓師に入門させ、馬上銃百五十挺・爆発銃五百挺のオランダへの注文を幕府に届け出でた。さらに安政四年には銃砲製造所・火薬局をもうけ、本多修理・由利公正・佐々木長淳らに監せしめて職工千二百余人を使役、安政五年七千挺を製作したというように、洋式兵制・武器——大砲・小銃・軍船・火薬等の整備・製造が着々推進されていったのである。しかもこれらの軍制改革にあたっての費用捻出に本多修理が「フフと言ふて頭を抱へた切り、詰って仕舞」い、製造所規模の拡張、機械の購入も不可能というような窮迫した藩財政下に強行されたものであることを注意せねばならない（『由利公正伝』）。当時——嘉永三—五年の福井藩について横井小楠は、「就中当時甚だ盛大なるは福井にしく所御座なく候。（中略）君公□□よ程之賢明にて云々」「尊藩一新興隆之御時」「ならずながら一臂の力にても御助力仕り度と真以躍喜仕り候」と評している（『横井小楠遺稿』）。

以上のごとく左内が藩政の枢機から全く遠く、いまだ少年の夢を追っていたころ、その母胎福井藩は少壮の英主松平慶永のもと、本多修理・鈴木主税・中根雪江らの協賛によって、次々に新らしい布石が固められつつあった。

しかしながら慶永の構想が複雑なる現実政治の中にたしかな目標を見出すのは、

なおのちのことであり、それは正しく左内をその幕下に迎えた安政四年以後のことであろう。この段階においては財政整理の問題とてそのままであり、軍制改革の推進はかえってその傷口を大きくしたのである。

安政二年三月十五日明道館布令に、「従来御勝手向御不如意之上、引続非常之御物入これあり、必至御手詰之御倹約にて、漸く御凌ぎありなされ候御次第故云々」とある(『明道館に関する諸布令』)。

第二　蘭学への沈潜

一　適々斎塾入門

大阪遊学

嘉永二年（一八四九）冬、十六歳の左内は父の許しをえて大阪遊学の途にのぼり、緒方洪庵の適々斎塾に入った。彼はすでに蘭方医学への興味をもつ父の手ほどきを受け、若干の心得はもっていたと想像されるが、正式に蘭学研究に携わるのはこの時からであったといわれる。「適々斎門人姓名録」（緒方富雄『緒方洪庵伝』所収）によると、天保十五年（弘化元、一八四四）春から元治元年（一八六四）六月までに六百三十六名の入門者があったが、越前国関係者は二十五人を数え、左内はその九番目にあたる。

遊学の動機

遊学の動機については年譜に、「身僻郷に学ぶ、未だ井蛙の見たるを免れず、大都の名家に就いて知識を朗発するに若かず」とある。また父長綱が晩年西洋医術を精研できなかったことを遺憾とする意をのべていることから(『父長綱の略伝』)、父の意志も加わっていたと想像される。

しかしながらもともと医術を賤技とみ、医師として生涯を終るをいさぎよしとしなかった左内である限り、たんに医学徒としての研鑽をのみ目ざしたとは考えられない。ことに蘭方医学をえらんだことは、新時代の脚光を浴びつつある蘭学への習得をとおして、その初志貫徹のいとぐちを得ようとしたのではないかと想像される。

すでにわが国の周辺には外国船がしきりに出没しつつあり、ことに弘化三年には米艦浦賀に来り開国を要求したというようなうわさは、当然左内の耳にも入っていたことであろう。しかもまた彼の旧師吉田東篁は書斎で経書を講ずる学者としてより、むしろ慷慨天下を談ずる志士的風格をもつ人物であり、水戸の藤田東湖と海防を論じて、しばしば上府談合する間柄であった。また東篁は開明的識見の持主として令名の高い熊本の横井小楠とも、嘉永四年その福井来遊以後交遊をもっていたことを併せ考えれば、このような時代の息吹きは、当然左内へ伝えられたはずであり、それは定めてこの感受性ゆたかな少年の魂に何物かを与えたに違いない。歴史の流れに対応するものを求めたい、そのような願いをこめての大阪遊学であり、蘭方医学研究をえらんだのであったろう。

こうして左内は二年三ー四ヵ月の間緒方塾にあり、大いに蘭学の研究に没頭した。教科書としての『扶氏経験遺訓』『病学通論』『ローセ氏人身究理書』『イスホルシンク氏理学書』などの原書訳書を「独見にて腹稿致し候上ニて講釈相頼」み（嘉永四・七・八 笠原良策宛書翰）、原書筆写の誤謬を原書とひきくらべ訂正しうるほど（同）上達し、洪庵をして「彼は他日わが塾名を揚げん、池中の蛟竜である」と嘆賞せしめたといわれている（滋賀貞『景岳橋本左内』）。いまだ二十歳に満たぬ彼は、今や新進卓抜の蘭学者として成長しつつあった。

けれども、このとき彼は二十五石五人扶持の一藩医の長子にすぎず、その限りにおいてその若々しい情熱を、当面の課題である蘭学——蘭方医学への沈潜(ちんせん)に注がねばならなかった。在塾中彼は福井藩における蘭方医の指導者といわれる笠原良策としきりに書翰を往復させ、緒方塾々頭であって蘭学にかなりあかるかった飯田柔平(じゅうへい)を福井藩へ招聘させるため骨を折った。これは結局不成功に終ったが、その外、笠原の治療書・薬性書蒐集に協力、新得の原書があれば直ちに筆写せしめて送り届けたりしている。

二　福井藩蘭学の発達

福井藩の蘭方医学

当時福井藩にあっては、医学は内科＝漢方をもって本道とし、外科・眼科は雑科として蔑視されていた。

笠原良策

種痘法の輸入・伝播

ところで笠原良策は福井藩蘭方医の先達といわれた人物である。彼は江戸で医学を修業し、ついで加賀の蘭方医大武了玄について洋法を学び帰国した。これが福井蘭方医開業の嚆矢といわれるが(『福井県史』二)、更に天保十一年京都日野鼎哉に入門、さかんに日野流の療法を行った。また笠原はわが国における種痘法の輸入及び伝播についても功労者の一人に数えられている。すなわち天保七・八年の凶荒の際痘瘡の流行ははなはだしく、弘化元年また猛威をふるって小児の死亡万余に達し、人口の恢復が容易でなかったこと(同)にかんがみ、弘化二年『引痘新法書』を読んで種痘術の必要を痛感した彼は、藩主に建白し、幕府の力で痘苗を海外から輸入することを乞い、嘉永元年十二月再び幕府に申請した結果、同二年蘭人モーニッキ Otto G. J. Mohnike が長崎へ伝来した痘苗の一部を日野鼎哉を通して求め、日野及び緒方洪庵と京都・大阪で種痘を行ってのち、嘉永二年十一月これを福井に伝えることができた。翌三年二月種痘所が開設され、四年九月には領内小児に強制して種痘をうけさせた。かくして種痘法は北陸各地へ伝えられるようになったが、漢方医側からのはげしい非難をきり抜け、嘉永四年十月にいたって除痘館が福井に設けられるはこびとなった(同)。

このころから笠原を中心に蘭方医が次第に抬頭し、グループを作っての研究が推進されていく。天保のはじめ京都に遊学して蘭方を学び、嘉永期江戸に上って杉田成卿・坪井信良・市川斎宮について蘭学を修め、のち藩主の医師となった大岩主一。嘉永末はじめてオランダ文典をよみ、『扶氏経験遺訓』を遵奉して洋法の開設に努力し、藩主慶永によって「今日吾越国西医之隆興ヲ致セシハ蓋シ南陽先鞭鼓舞之力云々」と墓表に誌された半井仲庵らはその先達ともいうべき人々であり、その外魚住順方・岡部養竹・高桑実(宮永良山)らはこれにつづく俊秀であり、やがて左内とともに単に医学の部面ばかりでなく、兵学・理化学をも含めた広い意味での蘭学受容の過程にあって、藩の蘭学振興のため力を注ぐのである。

こうして福井藩蘭学はまず蘭方医学の普及と発展という形をとって先覚者の中に芽生え培(つちか)われて行った。これは藩における洋式兵制の採用と相まち、その革新的政治とのつながりをもって推進されたのであり、慶永の意図に沿うものを持っていたといえよう。

左内の大阪遊学も、かくのごとき藩における蘭学勃興の気運の中から企てられたものということができる。緒方塾における彼の起居の状態をくわしく知る史料をもたないが、深夜乞食小舎(こじきごや)へ出掛け、実地に治療の応用をこころみたという逸話(『逸事』)は、この頃の彼の斯学(しがく)への傾倒(けいとう)のさまをうかがうに足ろう。

かくのごとき彼の好学と研鑽のさまは藩当局の知るところとなったとみえ、嘉永二年には藩主より遣使褒賞され、同四年江戸遊学中の岡部養竹とともに藩手当金を給せられ、給費生の創始をなした。英才左内の名は、ほぼこの頃から藩指導層の脳裡に植えつけられてくるわけである。

梅田雲浜との関係

なおこの大阪遊学中、嘉永四年五月十日在福井の旧師吉田東篁の弟たる岡田準介に与えた書翰をみると、京都千手氏『四書』板について梅田雲浜の意見を報じている。これによると左内が、すでに雲浜と面識をもっていたことがうかがわれる。『越前人物誌』中の「稲葉正博伝」によれば雲浜がはじめて福井へ来たとき、左内を自邸に訪い、半切に詩を揮毫した旨しるされてあるが、判然とすることはできない。のち安政五年(一八五八)上京運動中も、左内は雲浜と会談することがあったが、いずれにせよ左内と雲浜とのつながりは、さして深いものであったとは考えられない。理由はのちにのべる。

横井小楠との交渉

次に、同じ書翰には横井小楠が三日ほど大阪に滞在、その間二度対面し、その学識の深さに打たれた旨伝えている。小楠は嘉永四年福井来遊以来、福井藩と特殊なつながりを持ち、左内の父長綱も一応の識をもつほどであった。このとき左内は小楠から熊本の蘭学者奥山静叔の塾への遊学をすすめられ(『横井小楠伝』上)、必ずしも同意すると思われない父を説いて、何とかして熊本遊学を果したい意欲をみせ、東篁の周旋を依頼したのである（嘉永四・九・一、東篁宛書翰）。もちろんこれは実現しなかったが、当時小楠は福井藩に盛名（せいめい）高き人物であり、また後にのべるごとく、小楠の思考・所説と左内のそれとがほとんど類を同じくしていることを思えば、一応注目すべき事件であろう。ただ史料が乏しいため、十分詳（つまび）らかにすることができない。

三　医師として

嘉永五年閏（うるう）二月一日、父の病のため修学の途中で帰国を余儀なくされた。左内にとってこれはきわめて不本意なことであったらしく、なお大阪に留る同門生に対し、その精学を羨（うらや）み、新得の知識あれば教えて欲しい旨したためている（嘉永五・閏二・一五、太田良策等宛書翰）。

帰国後は病父に代って患家の診察に当り、父の死後嘉永五年十一月藩命により

医員・二十五石五人扶持

家督を相続、医員に任ぜられて二十五石五人扶持を給され、新得の蘭方医学の知識をもって、東篁の母の乳癌を手術したのをはじめ、重患を治癒すること再三に及んだ。

この間彼は、診断・処方については蘭方の先輩である笠原をはじめ、半井仲庵・宮永良山らに教示を乞う一方、彼らと蘭書の講読会を開いて研鑽につとめた。嘉永六年十二月、彼は種痘に関する出精の故をもって藩主から慰労の辞を得ている。ペリー M.C. Perry 来航して国内大いに沸騰し、幕府が旧制を破って三家以下諸大名一般・陪臣・庶士にさえも対策のいかんを上申せめて他日その崩壊の遠因をつくり、福井藩主松平慶永が強硬な拒絶論を答申したのは、その同じ年の八月であった。しかし二十歳の左内はその本意はいかにもせよ、現実には純然たる医師であり蘭学の研修に身をゆだねたのである。しかもその熱心なる蘭学への意欲は、後年――江戸遊学中におけるごとき、兵学・物理化学、乃至は世界情勢への積極的な探求・把握にまでは至っていなかった。彼は前途有為・新進気鋭の蘭方医としての道をまっしぐらに歩んでいたのである。藩主慶永とはまだ直接の交渉を持っていない。

四　江戸遊学

安政元年（一八五四）彼は更に江戸遊学を企てる。しかもそれは笠原良策宛書翰に、先般大阪遊学中は父の病に遭い宿志を遂げることができなかったが、今回はぜひとも宿願を達したい、とのべているように（付四・九）、まだ満足の段階に達していない自らの蘭学々識をさらに深めようとするにあった。

二月二十二日許可を得て魚住順方・益田（真下ともいう）宗三とともに福井を出発、三月五日江戸に到着、はじめ坪井信良の門に入り、ついで、杉田成卿（せいけい）・戸塚静海（『嘉永七甲寅負笈東行会計簿』）に蘭学を学び、塩谷宕陰（しおのやとういん）に漢学を修めた。

このうち杉田とは密接な交渉をもち、その『砲術訓蒙』『済生三方』の著述刊行についてかなり協力したといわれる（滋賀貞『景岳橋本左内』）。はじめ杉田は左内に洋書一冊を与えてこれを解読させ、こころみに問うたところ弁論流れるごとくであったため、「能ク我ガ業ヲ継グ者ハ必ズ此人ナリ」と嘆じた（慶永撰『橋本左内小伝』）。

左内は孜々として研鑽の日を送る。暫時にして原書（『モスト肺労篇』『ラマトゲー肺労書』）所論についてその価値を批判しうるほどの学識を備えるに至った（安政二・五・二笠原良策宛書翰）。この彼を先輩半井仲庵は、「実ニ英才目を拭ひ驚くべき後進之領　袖」（安政元・三・一五笠原宛半井書翰）、「何を承り候ても応答響くが如し。此人ニ年を仮し候ハヾ満天下之書生皆吾国へ引附け申すべしと存じ候」と激賞し（同二・五・一四、同）、彼自身は半井の原書上達を報じて、「畏るべく又欣ぶべく悪むべし」と競争心を燃し（同元・四・九笠原宛書翰）、笠原良策へ外科の原書買入を相談、これこそ当今第一の急務である故、他人の宝にならぬよう全部購入すべきを説き（同二・五・二一、同）、またフランス人発明の分析法研究

政治情勢への注目

書が近く入手されるのを限りなく喜んでいるのである（同元・四九、同）。

しかしながら左内は、かくのごとき熱心なる蘭学攻究の間にも、次第に国内・外の政治情勢に眼を注いで行った。四月九日左内は笠原宛書翰に佐久間象山の入牢をめぐる風聞をしたため、吉田松陰の下田踏海（とうかい）失敗の談に及んで（このときは松陰の名を知らず、「一門人某」とのみしるしている）、これらによって時勢を推察されたい、とのべている。

また八月から九月頃へかけ、少しずつ外藩の人々と交わりはじめ、いろいろ話をきく機会もあったが、格別目をさまさせられるほどのことはなかったといい（安政元・九・一、吉田東篁宛書翰）、また水戸の党争を心配して同藩の原田八兵衛を訪問するなどのことがみえている。

こうして左内は九月一日東篁宛書翰に、「偖（さて）又天下之勢も実ニ大病、困入（こまりい）り候事ハ勿論」とのべるように、ようやく政治の動きにも興味をひかれてきた。国政の膝下（ひざもと）たる江戸、しかも時代の先端を行く蘭学に堪能なる若き英才。和親条約締結直後の緊迫した空気は、ひしひしと彼に迫ってきたのであろう。もはや半井仲庵のごとく海防問題は医生の嘴(くちばし)を容れるところでない(嘉永六・八・六、笠原宛半井書翰)、とすましていられなかった。しかしながら江戸の情勢を報じつつも極力東篁の動揺をいさめているのをみれば(安政元・九・二、東篁宛書翰)、対外問題については一応の関心を寄せ、彼なりの憂慮を抱きつつも、いまだ積極的行動にのり出す意欲は持っていなかったといえよう。年歯(ねんし)わずか二十、しかもバックたるべき福井藩の政治機構の中には何らの足場も持っていなかった。この時期において彼は、前途有望の蘭方医としてのみ、その存在を主張しえていたのであろう。

第三　政治の中へ

一　士分に列す

慶永の褒賞

安政二年（一八五五）六月、左内は藩主慶永から学業上達の褒辞（ほうじ）及び印籠（いんろう）を給され、七月末藩命により帰国、十月医員を免ぜられて士分に列し、御書院番に抜擢された。やがて十一月二十八日学校制度取調べのため再度上府、江戸藩邸内参政鈴木主税（ちから）の長屋に入り、いよいよ身を国事に委（ゆだ）ねんとするに至る。医師の家に生まれ〝賤技（せんぎ）〟に従うのをいさぎよしとしなかった彼は、いよいよ「吾初年ノ志ヲ遂ル事ヲ得」たのであった。

林鉄蔵との対面

安政二年十二月五日林鉄蔵（鶴梁、遠州中泉代官）が左内に宛てた書翰及び『乙卯再游』によると、左内が再度上府の途中(四日)東篁の紹介をもってはじめて林を訪ね、終夜懇談して鶏鳴に至り、林をして「近年の愉快此事と」いわしめ、左内は下田遊歴をしたいとの口ぶりをもらし、儒官名義ででも登用され、大いに活躍したいと話したことがみえている。また翌三年正月八日笠原良策宛書翰には、最近読書・議論一切を廃し、わずかに日々数行の書をよみ、数句の詩を吟ずるのみ、とあって、いかにも蘭学攻究の念がにぶったことを匂(にお)わせ、書斎的生活からの脱皮(だっぴ)を伝えている。このことは反面、彼が政治への関心を高め、いくばくかの活動にたずさわりはじめたことの証左(しょうさ)ではないかと考えられる。

書斎的生活からの脱皮

外藩諸名士との交渉

事実、彼は安政二年末頃から水戸藩士菊池為三郎と交渉をもちはじめ、その前後より原田八兵衛・安島弥次郎(帯刀)・武田耕雲斎・藤田東湖、薩摩藩西郷吉兵衛(隆盛)ら知名の士と続々対面、しばしば国事を談じて識見を深めるのである。『安政丙辰日記』によればこのころ彼が水戸藩の情勢について異常なる関心を払っていることがたしかめられる。

理化学・兵学関係書への興味

更にまた本来の研究対象であった蘭学についても、ひとつの変化があらわれた。すなわち従来は医学関係にほとんど限られた感があったが、それのみでなく、理化学(たとえば冶鉄学)・兵学(たとえば海砲)関係書にも目を向けはじめるのである(安政三・二・一九、市川斎宮宛杉田成卿書翰。『蘭書冶鉄学の訳文』)。加えてこのころ英語、さらにはドイツ語をさえも理解しうるほどになっていたと想像される。

英・独語を理解

安政三年二月十九日市川斎宮宛杉田成卿の書翰には、「同人(左内)より借り居り候英辞書云々」とあることによって推察される。また同四年十二月二十六日左内宛本多修理書翰に、左内が英学を興さんとする意欲を持ったことがたしかめられる故、なお確実であろう。左内がのち――あるいはすでにこの頃からか――ドイツ語にもある程度通じたことは、安政五年十二月二十五日中根雪江に宛てた書翰に、「然る処原本は独乙本にて国言和蘭とは頗る相違致し居り、之を和蘭之音韻に直し読み候に、大分手間取、初之了簡とは大に消光に相成り申し候」とあり、ドイツ語をオランダ語風に音読したことを伝えていることによってあきらかである。

二　鈴木主税の墓表問題

こうして得た新知識を足場として彼は海外情勢についても開眼して行った。それとともに国内、なかんずく藩政についても、次第に自らの存在を主張しはじめるようになる。安政三年四月九日中根雪江宛書翰に、故参政鈴木主税墓表の染筆を慶永に煩わそうと、そのとりなしを依頼するのであるが、さらに同二十六日、帰国をうながす雪江に対し、堂々日本の国是を説き、福井藩の藩弊を論じては、「一々例之有無相糺し、例なき事致さざる義に候はば、（中略）今日より屁一つも放ち難く相成り申すべく候」と、その守旧性をついている。

鈴木の死去

主税は慶永襲爵以来、中根雪江とともによき輔佐役としてその革新政治をたすけたが、安政三年二月十日病歿した。左内は在府の半井仲庵と協力、在福井の笠原良策とも連絡をとって専心看護に当ったが、公式の死亡記録にしるされた看護人の中に彼の名は入っていない。軽輩にすぎぬこのときの彼の地位がうかがわれる。左内と主税との関係については、滋賀貞氏によると、かつて主税が交際のある藤田東湖に向って本藩には人物が乏しくて困ると嘆じたところ、東湖は言下（げんか）に、貴藩には橋本左内という者がいるではないか、年は若いが学問・見識とも誠に立派な人物である、と激賞した。そこで主税ははじめて左内を知り、雪江と相談して藩に登用をすすめたといわれる（『景岳橋本左内』）。この逸話は史料的に確認できないが、いずれにせよ、左内が医員を免ぜられ御書院番に登用されるに当っては、主税・雪江の力添えがあったこと想像にかたくない。しかもこの頃左内・雪江・主税の関係は相当に親密なものを持っていたらしく、墓表問題について主張することを私情ととられては心外だとのべ、雪江に対しこの論をもっともと思うなら直ちに藩主の内聴（ないちょう）に達するよう願っていること（安政三・四・九付）、また雪江に公然藩弊を指摘し、積極的な意見を吐いていることによっても十分うかがうことができよう。

それならば彼はこの鈴木の墓表染筆で何をうたいたいと考えたのであろうか。実にそれは、目下学風振興につとめている藩校明道館教学理念のアッピールとして、「士風興起の為」に鈴木を顕彰することが急務であるというのである（同）。彼

斉昭と東湖のこと

のこの案に示唆を与えたものは、かねて彼の敬愛した水戸藩藤田東湖のことであった。彼はいろいろ古制をしらべたのであるが、東湖の墓表に前藩主斉昭が筆を揮ったことを水戸藩士から聞いて思わず落涙し、斉昭の臣下への愛、東湖の藩主への忠の厚きを限りなく賞讃し、かくてこそ水戸では忠臣義士が続出するのだという。これに比べて慶永に対する鈴木の功績も劣るものではないとして、藩風振粛のためその必要を痛論した（同）。藩主へ捧げる純粋無比の誠忠、これこそ左内のもっとも敬仰するところであり、明道館建学の目的も正にここにあるとされた。

左内のこの熱意あふるる建議はのちに容れられ、慶永したしく鈴木の墓表の筆

をとることになる。

三　志士への道

こうして秀才の称高き蘭学医生左内は、最近は病家より叱責されることもなく、悠然経史を読み兵書を談じ、詩文・論策をつくり、天下有名の志士と交渉できるのを「古今宇内無上之大快事」とのべるように（安政三・四・九中根雪江宛書翰）、主観的にも客観的にも、福井藩の中に確固たる地歩をきずきつつあった（安政三年三月三日、「出府中別段三人扶持」「翻訳御用ニ付壹ケ年金拾両づつ」支給されるようになった）。

秀才蘭医生から気鋭少壮の政治家へ。この転換期については、もともと彼の志が経世済民にあった限り、明確な一線を画するのは困難であるが、大体それが客観的に認められるのは、安政二年再度の上府の前後におかれるであろう。という

東篁の評価

のは安政四年三月九日吉田東篁は横井小楠へ書翰を送るのであるが、その中で鈴

木主税の死後福井藩が人物難を喞つことなく、「誠に末頼母敷存」じられる左内をえたことをのべ、かつ小楠先年諸国遊歴の際京都で一度面会したはずであるが、そのころは識見もない十七－八の少年にすぎなかった。ところが「其後東行致し、其頃より確然之定見相立ち、当時廿四才に相成り候ものにて、主税も存生之内、後事を託するは此人と常々倚頼致し候ものにて、今十年も相立ち候はば如何相成るべき哉」とのべ、左内の脱皮を江戸遊学以後とみているのは、このことを如実に物語る。

しかも彼が外圧の強大に思い至って蝦夷地の重要性に着目し、ここは日本第一の枢要の地であるから費用を惜しまず開発すべきことをのべているのをみれば（安政三・五・九 中根雪江宛書翰）、後年の彼の識見・政治論・開国的経綸は大体この時期に培われたものであろうと考えられる。

要するにこのころの左内は、短い二十六年の生涯中もっとものびのびと新知識の吸収につとめた期間ではなかったろうか。もはや医書のみでなく、広く和・漢・洋各種の書物をよみ、知名士と交わり、自らの経綸(けいりん)をつみ重ねていく。しかしながら雪江・主税らと一応のつながりを持ったものの、当時いまだ慶永との接触はなく、藩の動向にかかわりをもつほどにはなかった。

第四　明道館の改革

一　左内着任以前の状態

明道館創設

福井藩校明道館は鈴木主税らの建議により、安政二年三月十五日城内三ノ丸大谷平兵衛屋敷に創建された。六月二十四日開館式を行って明道館と名づけ、用途として蔵米五百石を充てている（『福井県史』二）。

福井藩文教の歴史

元来福井藩は藩祖秀康以来武を尚ぶ気風つよく、文運ふるわなかったのであるが、四代光通は学事にも心を配り、京都の儒者伊藤宗恕を招いて講学せしめた。藩士の従学する者多く、その高弟野路恕軒を儒員に列することがあったが、文化・文政に至っても『四書』（大学・中庸・論語・孟子）の文義を略解しうる者がまれであったほどで、大してさかんになったわけではなかった。十三代治好の治世、文政二年九月城下桜馬場に正義堂と称する学問所を建て、藩士前田彦次郎を総督とし句読師数名をおいて教授に当らせ、別に高野春華ら儒臣を出席させて経書を講ぜしめ、藩士はもちろん領内庶民に至るまで、貴賤を問わず、有志の者には入学を許した（同）。しかるにこれもいまだ家塾の段階を出でず、明道館開設によって、ようやく他藩に比肩しうる学府をもつに至ったのである（宇野哲人『藩学史談』）。

横井小楠の『学校問答書』

ところですでにのべたごとく慶永は就封以来鋭意藩政の刷新につとめ、軍制改革を着々軌道にのせて行ったのであるが、これと平行して学問の振興にも意をそそぎ、嘉永三年七月文武師範に諭達して、文武は家中一体のことであるので彼我の弟子の隔てなく引立てよと命じ（『福井県史』三）、翌年福井に来遊した横井小楠に学校制度について質すところがあり、翌五年三月『学校問答書』を上呈せしめた。ここで小楠は「章句文字無用の学問に成り行」くことをいましめ、学問と政治とが一体になることこそ肝要であり、「人才を生育し政事の有用に用ひ」ることに学校の目的があると論じている。この精神はのちそのまま左内にひきつがれることになるが、いちおう小楠によって明道館教学の方向がさし示されたことに注目しなければならない。

しかしながら慶永が明道館へかけた期待は、もはや単なる教学の段階に止まることはできないのである。ことに明道館の創建については、その前々年のペリー来航という画期的事件を背景として考えねばならない。

建学の趣意書には、従来藩政の方針があまりに武芸面へかたよりすぎた嫌いがあるため、その弊を改め、武の本旨をあきらかにするため文をとったとうたっているが、この武から文への転換は、ペリー来航・和親条約調印後における政情の展開に対応しつつ藩政の方向を再検討し、文をかえりみることを通して新しき武＝革新政治への指針をうみ出すことにあったと推察される。このころは慶永自身が当初のはげしい拒絶攘夷論からやがては開国説へと転化していくその動揺の時期にあたっていた。このような彼の不安が彼の明道館へかける期待をより大きくし、人材の育成を更につよく希望せしめたのである。

明道館の構成

かくして明道館は慶永はじめ本多修理・鈴木主税・中根雪江ら福井藩革新政治の指導層の期待の中に開校した。文武不岐(ふき)・忠孝鼓吹(こすい)の旗印のもと、十五歳以上の藩士の子弟――帯刀身分以上を原則とし、以下の者は願い出て吟味の上許可――を入学せしめたのであるが、その数一千八百七名にのぼったといわれる(『藩学史談』・『福井県史』二)。

ところが安政三年三月在藩の年番で慶永が帰国してみると、大して所期の成績が挙っておらず、明道館は青年学生の国是論の喧嘩場所となってしまっていた。これは中根が慶永について在府したあと、鈴木がこの年二月に病歿し、中枢となるべき人物を欠いたためであり(『藩学史談』)、また藩の枢機を握る重臣層に旧弊固陋(ころう)の風があり、慶永の意を実現しえなかった故であることは、東篁より横井小楠に宛てた書翰（安政四・三・九付）によくうかがわれるところである。ここにおいて慶永・雪江らが熟議した結果、英才の称高く、故主税・雪江ら慶永側近とのつながりをもつ左内を召喚し、教育の振興と藩政の革新にあたらせることになったのであった。

左内の推挙にあたっては、すでに識を通じている中根らの尽力があったことはいうまでもなかろうが、過去四回研学出精をもって藩主から褒賞されている左内であれば、慶永もおそらくその名を仄聞していたにちがいない。かくして帰藩の命を伝える雪江の書翰は四月二十一日左内に達せられ、二十八日、左内は帰国就任を決意したのであった。少年の日夢に描いた政治への関門が大きくひらかれたのであり、彼の胸は歓喜にふるえるものがあったに違いない。

二　改革の理念

学監就任

左内は安政三年五月末頃江戸を出発、六月十四日福井帰着。七月十七日明道館講究師同様の心得をもって勤務、蘭学掛を命ぜられ、九月二十四日明道館幹事をもって側役支配を兼ね、翌四年正月十四日明道館学監同様心得うべき命を受けた。若冠二十四歳の彼が衆望を担って明道館の中核となり、改革をおしすすめるようになるのである。以下彼の手がけた仕事のあとをたどりたい。

『明道館之記』と『弘道館記』

まずこのとき彼の筆になったという『明道館之記』をかえりみよう。明道館がその創立にあたって水戸弘道館を模してつくられたものであることは周知のところであり、慶永が諸政上のことにつき斉昭の意見を求めた事実は、そのことを裏書きする。ところで、この『明道館之記』と藤田東湖あらわす『弘道館記』をよみくらべてみると、㈠道の顕現を学館の教育に帰し、㈡神儒折衷合一の思想を開陳し、㈢家康の撥乱反正の功績を掲げ、㈣それを支えた藩祖以来の功業を守り、㈤忠孝一途・文武不岐・政教一致を強調していること、などの諸点においてこの二つの建学文が内容・表現の仕方ともほとんど類を同じくしていることが知られるのである。『弘道館記』は『明道館之記』に先立つこと十八年の撰であり、後者は前者に擬して作られたものであることはあきらかである。この類似性はすなわち後人左内が、先人東湖より受けた影響に外ならなかった。

すでにのべたとおり、左内と東湖とは面識を有し、東湖は左内の才識に感服して鈴木主税にその登用を勧奨したと伝えられ、左内もまた「小拙も心服致し候者は水府藤田子ニ止り申し候」というように深く推服していた（安政三・四・九、中根雪江宛書翰）。そのほか彼が学校制度取調べのため上府中、塩谷宕陰について学制その他につき教示を受けるかたわら、東湖の『回天詩史』を日課として筆写していたこと（「安政丙辰日記」）、のち継嗣運動にたずさわるようになってから『弘道館記述義』（東湖著）を明道館本とすべく村田氏寿へ回送してその精神の維持継承につとめたこと（安政四・九・一二、村田宛書翰）、武田耕雲斎とただ一回の面接によって意気投合し、「東湖死后又一東湖を得たる心地なり」と喜悦せしめたこと（『安政丙辰日記』）などによって、左内の東湖に対する敬仰の念をうかがうに足ろう。

こうして左内は『明道館之記』を起草するにあたり、東湖所撰の『弘道館記』によってその想をねり、東湖の精神をくみ、その期するところを受けたのであった。『明道館之記』と『弘道館記』の類似性は、左内が明道館の教育において東湖の意志の再現をのぞんでいた一面をあきらかに示すものである。このことについては左内みずから「彼藩（水戸）ハ兼て諸邦之表準ニ相成居候故、善悪共外評甚しく相成候勢」とし（安政三・八・六、桑山十兵衛宛書翰）天下列藩を指導すべき責務が水戸にあるとのべたことにうかがわれるところであり、また安政五年七月二十七日、左内が明道館学監の職を去って一年ののち、福井に招かれた横井小楠が、これまでの方針――左内在任当時を含めて――が全く水戸的なものにつらぬかれていておそるべき弊害の禍根となる、と指摘した言葉によってもうらづけられる（横山猶蔵宛林矢五郎書翰）。

水戸学の克服

しかしながらすでに洋学の洗礼をうけ、開明的視野に立つ左内が、水戸の基本精神ともいうべき攘夷論についても同調するとは考えられず、また水戸独特の慷慨悲憤をこととする行き方に対しても、すでに夙く嘉永四年土屋采女・大久保要の人物を、「学風ハ水府学之由、併し外寛内剛とも言ふべき人物にて、決て水府慷慨之弊ハこれなき由」と評するごとく、批判的言辞をもらしているのである(五・一〇、岡田準介宛書翰)。左内はあくまで彼独自の識見をもち構想に従うのであって、全く東湖の影響下にあって改革に当ったとは考えられない。

政教一致実学精神

明道館の改革にあたり彼のめざすところは、建学の布告にみられる文武不岐の原則に加えて、すでに横井小楠が『学校問答書』に示した政教一致の命題をとり入れた。そうしてその基盤をなすものは空理空論を否定する実学精神であった。すなわちこの点で彼は、東湖の後継者というより、むしろ小楠の継承者であったのである。彼のしたためた明道館における法令布告の類をみると、「実功実益」

「経済有用」「実用を専らにす」というような言葉が、しばしば使用されていることに気づくであろう。彼は学問における実用性を強調して、学問は決して人のためにするのでなく、己れのために行うものである、この観点から経済有用を志したものが古聖賢の道であると説いた（安政三・四・一〇、笠原良策・大岩主一宛書翰）。こうして彼は義理の学問があきらかになってのち経済有用の学が起り、しかも経済有用の学が起ってのちはじめて義理の学問が行われるようになると説き、観念と実用、物心両面における二元論的見解を示し、その解決実現を明道館の教育に求めたのであった（安政四・九・一二、村田氏寿宛書翰）。

左内と崎門学との関係

したがってこのような左内の理論は、従来のいわゆる空理空論を弄（もてあそ）ぶ儒者に対して、痛烈な攻撃をかけるのである。これまでの見解によれば、左内が吉田東篁を通して山崎闇斎の学問の影響を受けたということが、一般にいわれているようである。東篁が崎門（きもん）学者千手（せんじゅ）旭山・鈴木遺音に師事した故に、十五歳にして東篁に入門した左内も、当然崎門の道統をひく一人であるというのは、一応なりたつ論である。ところが問題は誰から何を教えられたというのでなく、受けとる側からそれをいかに学びとったか、ということであろう。ここで左内が崎門学をいかにみたかということを正しく省(かえりみ)る必要がある。

闇斎＝崎門学の特徴は、朱子学の伝統に立ち、それをもっとも純粋な形において祖述することを本旨とし、政治へのつながりはむしろ邪道として斥(しりぞ)けられ、当時の社会体制に対して根本的な批判を持たず、「幕藩体制の停滞化から生れた精神動向であって、要するに保守的な頽廃性を表象するにすぎ」ぬ、と規定されているのであるが（尾藤正英「山崎闇斎の思想と朱子学」『史学雑誌』六五ノ九、後藤三郎『闇斎学統の国体思想』）、このことは左内の拠点と大きなくいちがいをみせているのである。左内によれば学問の要は経済有用にあると規定され、経済有用の上に確見(かくけん)がなければ、いかに書物にのみ通暁していても、それは古人の糟粕(そうはく)をなめることに外ならない。事業作用の上にたしかな見解乃至(ないし)

実地への応用をもたなければ学者とはいえないのであって、その窮極は天下の政治に通ずべきものであった。したがって彼は、従来の儒者が技芸を卑視するのを蒙昧の言として斥け、聖人の道は日用卑近のものの外にあるはずはなく、「道は却て技よりして進」むものであり、空理空論、有髪の禅者のごとき人物によっては治国平天下の政治の実際は到底行われ難いと強調するのである（明道館中算科局の設立についての達し案）。

こうして彼は日本の儒者の中、経済の論に卓見あり敬服するに足る者は、慶元（慶長・元和）以来二百五十年の間に熊沢了介（蕃山）・新井白石・頼山陽らを数えるのみで、その外は深謀遠慮全くなく、つまりは家学というわけでよんどころなく従うか、身体の尫弱により余儀なく書物を嗜むようになったもので、古人の口真似をしているにすぎず、「即ち鸚鵡芸とも申すべき者」であると、口をきわめて論難した（同）。ここでは学祖であるはずの闇斎も、彼が愛読し、外出にあたってはつねに懐中したといわれる『靖献遺言』の著者たる浅見絅斎（『逸事』）も、あるいはまた学恩を身近にうけ崎門の道統をひく一人とされる吉田東篁も、敬仰すべき対象には数えられていないのである。

いうまでもなく学統というものの純粋性は、幕末のごとき変革期——学問がただちに政治に結び、行動に裏づけられねばならぬ時代には、保ちがたいものであろう。しかしながらたとえば吉田松陰のごときも山鹿流軍学の免許皆伝の基盤の上にこそ、その活躍の舞台がきずかれたといえる限り、左内がもし崎門学の伝統の中にあきらかに立つものであれば、このような道統への無関心が示されるはずはない。しかもこのころ福井藩で名のある儒者はほとんど朱子学者であり、崎門学派が多かったことは事実である。開館当初経書科における『四書』（大学・中庸・論語・孟子）『五経』（易経・詩経・書経・礼記・春秋）はすべて朱子の定本により他説を用いず、わずかに参考に備えるのを認めたほどであった（『福井県史』二）。ところが左内はその一員として活動したというのではない。全く逆なのである。慶永の撰した『橋本左内小伝』をみると、左内登用以前「福井学派率ネ崎門ニ倚リ、人皆空理ヲ談ジテ世道ニ益無」い状態であって、実地の上には一向に益するところがなかった。かくして「綱紀之ヲ憂へ、好諭善導、務メテ其ノ弊ヲ剗除シ、学風大イニ改ル」といわれる。左内は深くその害をうれえ、弊を除き、よく指導にあたって空理空論の風を大いに改めたのである。すなわち左内が、空理空論のみを談じ、経済有用につながることない故、鸚鵡芸にすぎぬと酷評したのは、外ならぬその崎門学であった。要するに学問は政治であるとする左内に対して、出でて仕えず、天下の政治にかかわりをもたぬを偸しとする闇斎以来の崎門精神は、氷炭相容れぬものであったといわねばならない。

三　改革の推進

このような方針のもと、左内はつぎつぎに改革の手を打った。

学制の改革

四年一月明道館の外に城下東西南北の四ヵ所に外塾をもうけて、幼少の素読を習う者の通学に便ならしめ、二月には領内粟田部に、四月には同松岡に学塾を開き、講武館（武芸稽古所）をつくり、藩内の諸道場を取り払わせてすべて明道館に併合し、九月算科局をつくり数学の実用性を強調して修学させた。その外学生の賞典・考課の次第、他国への留学生派遣の規定等、学制を着々確立していった。

横井小楠招聘の対策

更にまたかねてより面識を有し、その才識に敬服していた熊本の横井小楠を明道館に招聘すべく、三月、村田氏寿を交渉に出発させている。思うに左内の改革の理念は、藤田東湖の『弘道館記』を受けるとともに、小楠の『学校問答書』にも負うところ多く、慶永もその人物にほれ込んでいたところから、小楠を迎えて支柱にすえることが求められたのであろう。

洋学所の設立

しかし明道館における左内の業績でもっとも注目すべきは、四年四月十二日建議して洋書習学所を設立したことであろう。すでに蘭学に対しては一家の見識を有し、原書読破を通して西洋諸国の情勢についても、するどい洞察力をもった彼である。藩においてはこれより早く、慶永の軍制改革の推進と関連して市川斎宮(いっき)らを招聘することなどがあって、必ずしもこの時をもって福井藩蘭学の嚆矢(こうし)というわけではないが、左内の出現により蘭(洋)学が藩興隆の一翼を担(にな)うものとして藩校の中に正当の位置を占めるに至ったことは、注意してよい。

周知のごとく洋学は、それが先進的西洋近代諸国に根ざすものである限り、わが後進的封建社会に対する批判的性格をもつものであったが、反面その受容の過程においては、むしろ封建社会補強の具として、海防の術科としての役割を果すものであった。このような洋学に負わされた使命を左内はもっとも典型的な形においてうけとめ、あくまで封建支配者としての立場からこれを技術学として利用していこうとするのである。

すなわち嘉永三年十月緒方塾にあって蘭学書生としての研鑽をつみつつも世上

の蘭学生には無頼凡流の子弟多く、倫理道徳をみだすものが少なくないと批判し（宮永良山「故郷に帰るを送るの序」）、安政三年市川斎宮をたずねて蘭学を論じ、その「偏急之弊」「奇抜淫行之害」を指摘した左内は（「安政丙辰日記」）、この洋学所開設にあたっても、みだりに外国を尊び、わが国を軽蔑する学生の多く出てくるのを警戒し、洋学というものは筋合い正しくうけ入れられると大いに益のあるものだが、万一杜撰な対し方をすればその害もまた非常なものがあろうとし、周到なる対策を講じたのである（「学問所事件についての布令原案」）。すなわち、

㈠　明道館の教授の外に洋学という一派をつくる趣意ではないことを強調し、洋学所の総裁には明道館内教授か助教をあて、学一経に通じた者に始めて洋学一科を学ぶを許した。

㈡　洋学生選抜にあたってはとくに慎重を期し、定員を三十名とし、別に願い出た者はよく詮衡した上諾否をきめた。

㈢　洋学所へ申し立てず、ひそかに原書を研究することを禁じた。

などであるが（同）、これによって左内が洋学の〝害毒〟を制するため、いかに深い注意を払ったかが知られるであろう。左内は西洋諸国の政治制度などについても相当つっこんだ知識をもっていたのであるが、それなればこそ洋学の受容にあたって形而上的・道徳的価値に重きをおくことをつよく拒否し、「万一洋学に言寄せ、新異を好み正理を誣ひ、衆人を惑し候様の義これあるに於ては、御吟味之上急度御沙汰に及ぶ可」きことを求めたのである（『館務私記』四月一日）。

彼は西洋諸国の武技・学術が精巧をきわめ、到底わが国の及ぶところでないことを認めるゆえに、兵法・器械術・物産・水利・耕織等の諸術を外国の長ずるところに従って学びとることをいうのであるが、それはあくまで単なる芸術＝技術の導入に外ならず、つまりは「我義理純明之学を補助」することにあるとした（「学問所事件についての布令原案」）。彼における洋学は当今の最大問題たる〝尊王攘夷〟のため、まず我に長ずるところをきわめるのが第一であるが、それは「仁義を旨とし、五倫を明にし、家国を治め候修行」としての儒教的教養にうらうちされてこそ、はじめて存立を許されるものであった（明道館に関する諸布令、学問所事件についての布令原案）。この点においてもはや彼は、洋学への積極的知識はほとんどなく、洋学の流行を「切支丹之媒（なかだち）」と憂慮し（安政五・四・一六、斉昭三建策、『昨夢紀事』三）、かつての大友・小西のごとき心得違いの大名がでてくる因をなす故（安政五・六・七、斉昭建白、『同』四）、蕃書調所（ばんしょしらべどころ）において厳重な統制を行うことを主張した斉昭や、「蘭学と申す物ハ聖人之道にも天下之御為にも殊之外大害」（「嘉永上書」『大橋訥菴先生全集』上）「兵学とか蘭学とか、皆名利に在て、毫も国庫に補ひ難し」（安政六・九・晦、入江杉蔵宛久坂玄瑞書翰『久坂玄瑞遺文集』上）「蛮器一切御用無レ之」いことをとなえ（「五事建策」『真木和泉守遺文』）、その厳禁をつよく主張したひとびとと、その基本的姿勢においてはほとんど変るところのない純粋封建的な停滞性をあらわに示している。

右に述べた斉昭の意見は次のようである。蕃書調所を二カ所とし、掛りを幕府で決め、両調所で和訳したものを相互に改め合い、原本は一切目付へ差出し焼却、諸藩の洋書もすべて差出させ、調所で和訳の上原本は焼き捨て、諸藩の洋学者の人数も家格によって制限を加え、みだりに学ばせないようにする。しかし原則的には「豪民等洋学を信じ万一野心を生じ夷狄と申合せ候者これある時ハ実以て容易ならざる事、天草之乱にも継ぎ申すべき危険が予測される故、長崎訳官を除き、洋学を全面的に禁ずるのがもっともよいとした（『水戸藩関係文書』一）。

要するに洋学は海防のための技術学としての役割を一歩も出るものではない。しかも彼の洋学への態度は、藩の枢要の地位につくに及んでそのように改まったというのではなく、もともとそうであった。いわば左内の中には、それほど強い伝統精神が流れていたのである。

左内の儒学精神

それを裏書きするように、彼は釈奠（せきてん）の礼を学校中の大礼として行わんとし（『館務私記』）、生徒の進級については『四書五経』の講釈・弁書の程度によってその等級を分けることをいっている（「学問所事件についての布令原案」）。洋学を学ぶことによってひき起されるであろう秩序への不信は、儒学に親しみ、儒教精神を高めることによって防護しうると考えたのであった。

彼が洋書習学所を開いたことによって、進んで西洋精神文化をもひろく摂取せんとする積極性を見出すべきでないことは、かくして明らかであろう。のち安政四年十月二十一日左内が村田氏寿へ宛てた書翰の中で、佐久間象山の「東洋道徳西洋芸」から示唆(しさ)をうけたと思われるところの「仁義之道、忠孝之教は吾より開き、器技之工、芸術之精は、彼より取り候様に仕掛け候はゞ、彼等も却て吾に服膺(ふくよう)致すべき場合に運ぶ可しとも察せられ候」という言葉は、もっともよく彼の面目を語っている。

安政元年二月から二年七月にわたる江戸遊学中、彼は続々天下知名の士との面識をもったが、佐久間象山と会ったかどうか疑問とされている。しかし元年四月九日笠原良策宛書翰には吉田松陰の下田渡海失敗により象山が入牢したことを、「憐むべし(中略)誠に嘆ずべき事」としたためていることや、半井仲庵が種痘々苗を象山へ分与したことなどから、或いは面会したかも知れないが疑わしい（滋賀貞『景岳橋本左内』）。ただ左内が象山に注目し、関心をよせていたであろうことは右の史料によっても十分うかがわれる。

人材の育成

このような姿勢で彼は明道館刷新の仕事をおしすすめていく。兵制の改良・武器の製造、あるいは石炭の埋蔵を探すなど物産の開発にまで手をひろげた。また当今新政の治績のあがらぬのは、藩当局が真の人材登用の方針をあやまっていることにあるとして、才能のないものも資格・門地・年順等により自然と要職につくといった従来の人事方式の不備をつき、「政事之根本、教化之原由」たる学校においてこそ〝有用之大材〟が造成されるとして、ここに明道館教育の窮極の目標をかかげたのである（安政三・四・二六、中根雪江宛書翰。学制に関する意見割子）。すなわち他国修行を命ぜられたものの手当についても、従来は定額三人扶持になっていたのを、修行出精の者へは定額外の手当を給し、また大器造成の見込をもって十五歳以上の者へ修行を命じた場合には定額を二人扶持とし、修行者ともども師家へも定額外に手当を支給するように取り扱いを改めた。また書籍・器具の入費についても無利息拝借を許すか、もしくは藩で買い上げるよう進言、貧生でも十分研鑽できるよう周到なる対策を講じている(「学問所事件についての布令原案」「他国修行の者手当に関する意見書」)。

かくして従来漠然とした文武不岐(ふき)・道義鼓吹(こすい)というような形でしか慶永の意志をうけとめることができなかった明道館は、今や時代の要請に答え、藩乃至(ないし)は全日本のおかれた多難の政治の中に脚光をあびて立つべき現実の大きな目標を見出したのである。もちろんそれは藩校の刷新ということから始まったのであるが、視野(しや)を一藩に極限されることなく、国内・国外情勢への洞察力に富む左内の識見に支えられ指導されて、紛糾深刻化しつつある幕末日本のまさに直面すべき課題との対決へつらなっていくのである。

明道館の治績ならびに藩情の刷新について安政四年三月九日、左内の旧師吉田東篁は横井小楠宛書翰に、「昨年に至り初て形勢一新、宿弊も大に変革、人心も粗一和に相成り、大に前途相見へ候様に考へられ候」とのべ、以下つづけて、「今十年も相立候はゞ如何相成るべき哉、誠に末頼母敷」と左内の人物を推賞するのは、左内の果した役割の重かつ大であったことを語る一証であろう。更に注目されることは、この明道館の新しい歩みが藩主慶永にとっても、「行々国事の相談も出来、経済之学に進み候様篤志之者と相議し、諸般処置に及ぶべく候」というように、そのまま肯定・賛助されていることである（「明道館に関する諸布令」）。この改革を通して慶永‖左内の線ははじめて緊密なつながりをもち、やがて四年八月以後の継嗣運動に入る機縁をなしたと考えられる。慶永はここに己れの意志を正しくうけとめるものとしての左内を確認したのであった。

慶永と左内との連繫

明道館の改革を通して、福井藩には次第に清新の気がみちみちてきた。しかもそれは藩士層のみでなく、やがて城下町人層でもこの気運に目覚め、学芸への積

町人層の革新への志向

極的意欲を示しはじめた。安政四年四月二十二日月番家老より左内への書付によると、町人達が職業の余暇に倫理の道を学びたいと申し出で、藩当局もこれを許可しており、『館務私記』四月二十日条によれば、学問所を建て学問に心掛けたいと欲する故、日を定めて教導師を派遣して欲しい旨、松岡八町惣代及び大庄屋の連署で嘆願し、許可されている。また明道館の算科設立にあたり、かねてこの方面に才識ある町人を時々同局へ出頭せしめて御用をつとめるよう命じている。長い苛政(かせい)とたび重なる天災にいためつけられた町人たちにとっても、新政の推進はほのかな希望の光を投げかけられたのであった。

しかるに左内がこれら庶民層の動きに対してとくに注意を払い、積極的にその指導に当ったという事実は、発見することができない。かつて大阪遊学中乞食小舎へ出掛け、診療に当ったという逸話は、年若き彼の単なるセンチメンタリズムか、あるいは蘭方医学の実地研究の対象としてのみの意義をもつに止まったのであろうか。のちにのべるところであるが、左内には民衆への積極的顧慮がほとんど存在しないのである。

第五　将軍継嗣運動への挺身

一　将軍継嗣運動の本質

左内と福井藩

医師の家に生まれ、しかも政治の中に活舞台を求めんとした左内は、明道館の改革をおしすすめることを通して、いちおうその初志を実現することができた。今や志士としての道を歩まんとする彼は、明道館という活動の場で藩主の意志を通し、藩を正しく自らのバックにすえる基盤を確立したのである。

しかしながら左内の真骨頂は安政四年（一八五七）八月三たび上府、慶永の侍読兼御用掛として帷幕に参じ、その旨を体して行った将軍継嗣運動――家定の継嗣に一橋慶喜を推挙しようとする――に求められねばならない。左内は一年半にみたぬ志士としての行動期間中、わずかこの問題にたずさわったのみであった。彼は継嗣運動に生き、これに殉じたのである。

ペリー来航

嘉永六年（一八五三）六月ペリーが軍艦四隻を率いて浦賀に入港して以来、外患必至の形勢は急遽幕府をしてこの対策を講ぜしむるに至った。同七月幕府は水戸老公斉昭を軍事顧問として幕政に参与せしめ、米国国書を諸大名に示して意見を徴したのである。

諸大名の意見

このときの答申書は、現在その多くのものが残っている。江戸湾口を長いくさりで閉め切るとか、汚物を海に流して外国船を嫌悪せしめるとか、潜水して艦底に穴を穿つとか、奇抜な工夫をこらしたものが少なくないが、開鎖の可否についてその内容をしらべてみると、開国を唱えたもの筑前藩以下二十一藩、避戦論を唱えたもの尾張藩以下十八藩、拒絶論を唱えたもの肥前藩以下十九藩であった（井野辺茂雄『新訂維新前史の研究』）。諸有司・藩士・庶民層の意見は現存するものが少ないが、拒絶論は少なく、おおむね避戦論に傾いている（同）。すなわち大勢の向うところは拒絶の不可能をいい、避戦――開国の線にあったわけである。

慶永の答申書

慶永の意見書は本多修理が中心となって国許の意見をまとめ、鈴木主税・中根雪江ら慶永の側近が反覆商議の上八月七日に呈出したものであったが（滋賀貞『景岳橋本左内』）、開国をやむをえぬとする衆論の中にあってきわめて強硬な拒絶論であり、開戦にそなえて武備を増強することを主張した（『松平春嶽全集』二）。

これより先六月八日、慶永は平穏第一という幕府の方針を聞き、憤慨に堪えず、「今にも戦争と勇気加倍、凜々討死は覚悟と申候処、ケ様なる事（中略）堂々たる幕府之御良策聴くに堪へず、昨夜も余りの事にて恐れ乍ら相済まざる事に候得ども、つら々々怨み奉り候位」との書翰を徳川斉昭へ寄せている（『昨夢紀事』一）。

外圧と国内危機

ところがここで注目を要するのは、彼がその理由として、開国を許せば外国はさしおき、諸大名が「御武徳之衰弱を見透」し、幕府権威に対して疑いを抱き、

「御政道も是迄之御振合ひ立行兼」ね、足利の末世同様になる危険があるとのべていることであろう。すなわち慶永は、ペリーによる外からの危機は正に同時に国内の問題として、徳川幕府の支配権力の危機と把握し、しかもそれを幕府の藩屛（はんぺい）家門（かもん）としての連帯意識からその対策を講じたのである。

斉昭を大元帥に推す

慶永は必戦を期して開国拒絶の方針を実行にうつすためには、早急に国内の防備態勢を固める必要があるとして、兵馬の権を委任すべき大元帥をおくことを求めた。この上書において彼は、その大元帥に誰をおすべきかを示していないけれど、当時徳川連枝（れんし）の中でも衆望高く、海防に一家の見識をもつものは水戸徳川斉昭を除い

徳川斉昭

ては他にない。「烈公ハ余を寵せられ、殊ニ一方ならざる懇意なりし」というように（「逸事史補」「松平春嶽全集」一）、これ以前から斉昭とはしばしば識を通じ、示唆を仰いでいた慶永である。ただ彼のみならず斉昭こそは国難に対処しうる天下の英傑として、広く識者の衆望をえていた。〝天下の副将軍〟のネーム＝バリュウは識者の間に絶大の信頼があった。この斉昭を前面におし出すことによってこそ幕府の動揺を未然に防ぎ得ようし、対外問題を解決すべき最重要の案件であると考えたのである。

六月六日阿部正弘宛慶永の直書に、「当時天下之属目英明老練一に駒邸老君に止り候事」と断言、この人を家定の輔佐にしたら天下の人々が安堵するであろうとみえている（「昨夢紀事」四）。

和親条約の締結と斉昭の引退

こうして斉昭は隔日登営し、幕政をみることになった。しかし翌安政元年正月、約束によって再び来航したペリーの強要の前に、幕府はついに拒みとおすことができず、ここに二百年来の鎖国の禁を破って和親条約＝神奈川条約がとり結ばれたのである。この間の趨勢は斉昭の力をもってしてもいかんともできぬところであり、斉昭は不満の言葉をもらしつつ幕政顧問の座を去ってしまった。

ところが和親条約の締結で当面の難題は一応回避されたわけであるが、問題はかえって内攻し、とくに新事態に対する幕府支配体制のあたらしい整備が要求された。国難排除の特効薬とも目された斉昭は、すでに時代のバスにのりおくれつつあることが露呈されたとき、急速に将軍継嗣決定の案件が浮かび上ってきたのである。

継嗣問題の発端
家定の病弱・暗愚

もっとも時期的にいえば、すでに家慶治世の頃から継嗣の必要は当然考えられていた。というのは家慶の後継者としては家定があるのみであるが、家定は生来多病にして凡庸であり、政務を処断する才能なく、その上癇癖つよく挙動も尋常でなかった。

ただし家定の暗愚いかんの判定については二説ある。「大樹公御病身ニて、中々半時片刻も御安座遊ばさる儀相成り申し難く、断へず顫震攣拘之御様子ニあらせられ、御言語も迚も明朗には御発し遊ばされがたき由」とのべるように（安政四・八・二六、村田氏寿宛左内書翰）、一橋派がほとんど措止動作さえ満足にできぬ精神薄弱者と評価するのに反し（『徳川慶喜公伝』一）、紀州派はそのようなことはなく、中どころ、あるいはそれ以上の君主であったと主張（安政五・五・九、長野主膳宛宇津木六之丞書翰）、福地源一郎や勝海舟のごときもこの意見に従っている（『幕末政治家』『海舟全集』一〇）。

ペリー来航後の難局にあたって、幕政の最頂点に位する征夷大将軍にその人をえないということは、幕府の威望を大きく弱める危険があり、はなはだ心許ないことである。伝えるところによれば、弘化四年八月斉昭の七男慶喜が三卿（三家につぎ将軍職をつぐ資格のある家）の一つである一橋家を相続したのは、家慶が他日慶喜を家定の後嗣に定める遺志があってのことというが（『徳川慶喜公伝』一）、信頼するに足る説ではない。

候補者に擬せられたのは家慶の弟、三家紀州藩主徳川斉順の子で当将軍家定の従弟にあたる徳川慶福（のちの家茂）——ときに八歳と、水戸老公斉昭の七男たる一橋慶喜——ときに十七歳の二人である。

将軍継嗣運動にかかわりをもつものはきわめて多い。幕閣の要職にあるもの、大名――比較的自由な立場にある三家・親藩・譜代から外様雄藩にいたるまで――、朝廷関係者、諸藩士、浪士・庶士にいたるきわめて広範囲の各層各分野のひとびとが多かれ少なかれ関心をもち、この運動に何らかのつながりをもつのである。しかもそれが紛糾（ふんきゅう）し錯綜（さくそう）した結果、あの安政大獄となってあらわれるのであるが、松平慶永こそこの運動の中心人物であり、首唱者でもあった。そうして注意を要するのは、このような

徳川慶喜

場合多くそうであるように、第三者からの入説や藩士層からのつき上げによってお膳立てをととのえられ、名目として藩主がその上に坐るというのでなく、後日松平主馬が「将軍家之事下より御智恵をかひ申し上ぐべき様更にこれなき事にて、悉皆中将様の思召に候」と確言するように（安政五・八・初旬、左内宛村田氏寿書翰）、慶永自身の発意にかかるものであったことである。

それでは慶永がその必要を痛論し、実現に挺身するのは、どのような理由にもとづいているのか。

すでにいささかのべたごとく、ペリー来航に際しての上書に、彼はペリーの申し出を拒絶せねばならぬことの理由として、開国を受諾すれば諸大名に対する幕権の動揺を露呈するものとし、やがて諸大名の背叛を招くおそれがあることを指摘した。この論は「外諸侯と違ひ御家門之名を汚し罷りあり候事に候へバ、幕府の御大事天下之安危に関係の秋に当り及ばずながら御為に相成る程の忠勤仕るべく心掛」くという藩祖秀康以来の親藩家門の家柄を誇る彼の確乎たる藩屏意識にうらうちされたものであった（『昨夢紀事』一）。

中根雪江はこの慶永の意志を、「徳川家ノ御為ニ宗室ノ御立場ヲ御踏マヘ成サレ候御所業タル事ハ千載ノ青史ヲ照シ申スベキ御美事」と評価している（『昨夢紀事』四）。

ところが、安政元年（一八五四）の和親条約にあたっても、「兵端を開くべき勢に及び候而も猶御英断之如く確乎として御許容これ無」きことを願う彼であったが（同）、安政三年十月に至るや、「何分今更と相成り打払ひも何も施し難き病人之御譬諭至当之御論と存じ奉り候、（中略）今日と相成り候而ハ拙策もこれなく恐入り候」というように、鎖国攘夷の不可能なことが彼に理解されていく（同二）。幕政の動揺はいよいよ諸大名にあらわにされていくであろう。宗家徳川将軍の幕府は外に対するのみでなく、内に対して正に累卵の危機にある。このとき彼の家門の立場からの危機克服の要請に答えるものが継嗣問題であった。

安政三年十月六日徳川慶恕に与えた彼の書翰に、「第一之憂患ハ当時儲副未ダ御建立これなく、恐れ乍ら大樹公ハ御病身と申し発令も多くハ宰執有司之儀より出候儀、天下に於て疑懼を懐き候折柄ニ候得ば、建儲之一条は治乱之急務天下属望之基本ニ候得バ、一日も早く御決定あらせられ度し、（中略）左候得ば四海之渇望を繋ぎ国本益々固く泰山磐石之基相定まり候故、天下之侯伯士庶之心志も自ら振興仕るべき儀と存じ奉り候」とのべているのは（『昨夢紀事』二）、この間における慶永の意志をもっともよく示すものといえるであろう。

そのめざすところは幕府への背叛の危険をはらむ「関西諸侯」や、徐々に発言権を増し、幕府に対抗する新らしき政治権力としての地歩がきずかれんとしつつある朝廷に対し、幕府の主体性を守り、将軍の伝統的な集権権力を再強化し、宗家徳川の安泰を永続化させることにあった。

慶永ならびに一橋派は、諸大名が朝廷の権威を擁して幕府に背叛する事態のおこることをすこぶる警戒している。「京師の御堅固ハ幕府の御安心にて（中略）御内密仰せ進められ候国持諸侯方競望の宗源を御杜絶の御一筆にも成させらるべくとの御微意」（中根雪江による慶永の口上、『昨夢紀事』二)、「外様大名抔も内心ニハ公辺を如何存居候哉も計り難く候へバ、御所より一寸も命下り候ハヾ徳川の天下ハ夫切と存じ候へバ、我々身ニ取候てハ日夜心配仕り候、(中略)如何ニも徳川の天下御危く御坐候」(斉昭、同三)、「先ヅ内地の大変革に手を下し、又京畿守衛の義を厳重にし、京師より物を容れがたき様になし置て、墨国(アメリカ)条約之事を関東限の権宜にて所置に及び、外国の事ニ付而ハ京師は圧付ケて仕廻ふべき皇国安全の策」(山内豊信、同)などはその一例である。

しかも慶永が天下＝日本の危機に目覚め、歴史への前向きの姿勢を堅持する以上、〝お家の大事〟というような古いままの意識にとじこもることなく、渦巻き流れゆく現実の動きの中で、日本の前途への確固たる基盤をきずこうとする意欲も同時に働くのである。その限りにおいて慶永は、古いままの意識と対決しなければならない。たとえば将軍継嗣云々という問題はもともと将軍個人の恣意に任すべきであり、まして幕閣部外からかれこれ言をはさむ筋合いのものではない。また連枝家門の立場からすれば、かかる宗家の大事について、本来幕府と敵対的基調をもつ外様雄藩に対し、議をはかるべきでもない。けれども慶永の進歩性は、あえてこうした古いきずなをのりこえるのである。彼に対立する紀州慶福（よしとみ）擁立派の主張は、正に古い名分論そのままを示していた。血統の尊重、現将軍の意志の随順等々（松平乗全宛井伊直弼書翰、中村勝麻呂『井伊大老と開港』『公用方秘録』）――しかしそれはのりこえねばならない。外様大名への顧慮――。けれどもこれを埒外（らちがい）におくべく〝天下〟の危機はあまりに切迫している。徳川の天下は外からの脅威にさらされているのである。外よりする危機の前には内への不安は克服されねばならない。慶永はその生涯を通して、片時も幕府家門の身であることを忘れなかったのであるが、歴史の現段階においては、譜代であれ外様であれ、すべての勢力を糾合し外に対する必要がある。そのためにこそ、英明自立の将軍の必要が叫ばれるのだ。暗愚の将軍によっては、もはや諸大名を自ら馭（ぎょ）するをえない。英明万機を親裁しうる将軍の権威を現実に確立し、その集権的権力によって雑然たる存在の諸大名を強力にひとつの方向に向かわしめる。そうして家門の身にある慶永自身、および彼とのつながりを持ち、彼を理解する幾人かの大名——いわゆる名君といわれたひとびと——の力を合わせてこの将軍の体制を支え、封建権力の再編成と統一をはかる。すなわち将軍中心の統一国家の樹立であり、それでもって内に徳川の天下の危機をきりぬけ、外に対する国土の危機にそなえるのである。

これが慶永の抱く新体制の構想であった。それはたしかに、紀州一派の古いままの秩序意識を遠くこえるものであった。お家の大事を救うという時代がかったものでなく、まさに国土の危機を認識してのものであり、それへの対応とその克服を期してのものであった。しかしながら彼が親藩福井の藩主であり、そのことをつねに忘れなかった限り、彼の意図はまぎれもなく国土の危機への対決でありながら、その国土とはすなわち現権力者による封建的支配体制を意味するものであることはいうまでもない。したがってそれは、根強い親藩意識に支えられた徳川幕藩体制擁護のための方策でもあるという限界をこえるものではありえなかった。

封建階級制の頂点に英明の将軍を擁した幕威の強化、とくに外様大名への支配権の徹底こそが国土の危機を防ぐものと思惟(しい)されたのである。

継嗣運動に対する誤解

ところでこの将軍継嗣運動については、大づかみにいって従来二つの誤解がなされている。

第一に、慶永ら一橋派が幕閣乃至(ないし)紀州派に対立する故、尊王的性格を負うものとし、尊王派の拠点とする考え方である(たとえば維新史料編纂事務局編『維新史』五)。これはたとえば梅田雲浜や吉田松陰・久坂玄瑞らのごとき反幕的色彩のつよい志士たちが一橋派側に同情をもち、それへ加担したかのごとき様相をあたえるところから、一橋派を反幕グループとみるのであろう。『概観維新史』には、反幕的な在京浪士・儒者が、幕府の朝廷を軽んじて権勢を振うのを坐視するにしのびず、自然一橋派に共鳴し、協力するに至った、とのべ、かれらと一橋派とを反幕的・親朝廷的性格において連関あるものと規定している。しかしのちにのべるように、一橋派の側からはこれら尊攘派との提携を極力拒否し、事実随処において相互の拠点の違いをみせ、ことに一橋派にあっては、朝廷を擁して幕権を減じようとする意欲がみじんもなく、むしろ逆に幕権強化のため朝廷の政治的地位の進出を抑制する立場にあったことを考えれば、この論の基底は全く失なわれるであろう。

第二に、紀州派が古いままの考え方から将軍の伝統的権威を守り、幕府独裁強化の方向をとると規定し、それ故にこれと対立する一橋派を、幕閣の専制を雄藩合議によって牽制抑止(けんせいよくし)せんとする進歩的改革派として把握する最近の考え方である(たとえば遠山茂樹『明治維新』)。もちろん旧体制の回復のみをねがう紀州派に対して、一橋派は相対的進歩の立場を示すことはあきらかである。また慶永は、幕政が閣老の手によって独断されるのを危険視した。しかしその危険性は、閣老の政治執行が将軍の権威の重さを損うことを意味し、幕府自体の権力の衰退を暴露し、弱体を諸大名にみせつける危険へつながるからである。

紀州派が雄藩の幕政への参加を拒否したのに反し、一橋派はひろく〝名君〟を網羅した統一体制をもくろんだ。しかしその体制の頂点には、万機を親裁するところの絶対権の行使者である英明の将軍が位することが絶対の条件であり、諸大名・朝廷へ対する統治権をつよめることにより、あきらかに幕府による支配秩序の維持と再強化をはかっていることである。それはある意味では幕府初期の盛治への復古を願うものであった。

したがってこの二派の間には歴史の現実をどう受け取るか、つまり現実を認めるか認めないかの差はあるにしても、基本的見解の対立があるとは考えられず、封建支配者内部における危機への対応の仕方、あるいは危機克服意識乃至は政策の相違にある、というのがもっとも妥当な見解であろう。

二　運動の推進

さて将軍継嗣の議が世上の論議にのぼり、何らかの関心を集めるのは、前言したごとく嘉永六年のペリー来航以後のことであるが、一橋・紀州両派の動きはほぼ同時にあらわれたらしい。嘉永六年四月二日諸国遊歴の途次大阪に在った吉田松陰は紀州藩国情について知れるところをのべ、かつ「又一風説に、将軍家父子皆逝(せい)す、因って菊千代（慶福）君江戸へ入らせらるべくとのこと」なる風聞をしるしている（父叔兄宛書翰『吉田松陰全集』八）。このころ慶福継嗣決定の噂(うわさ)が流れていたのである。

水野忠央の画策

慶福(よしとみ)擁立派は紀州藩附家老水野忠央(ただなか)が中心となって推進した。彼は早くから独立大名たらんとの欲望から、妹を家慶の側室に入れ、大奥にも勢力を扶植するなどの事を行ったが、慶福擁立もその一環として企てられた（井野辺茂雄『幕末史概説』）。

井伊直弼の意見

のちこの派の重鎮となって一橋派に対抗し、慶福立嗣(りっし)を実現したのは井伊直弼(なおすけ)

井伊直弼

であるが、彼は安政元年五月老中松平乗全（のりやす）に書翰を送って継嗣の必要を論じ、翌二年正月更にその議を重ねることがあったが、継嗣におすべき人物の名前はあげていない（中村勝麻呂『井伊大老と開港』）。しかしかねてより反水戸的傾向をもつ彼は、当然紀州派にくみしたであろうし、家定の生母跡部（あとべ）氏も慶福に志を寄せるようになったといわれ、この派の勢力はあなどるべからざるものがあった。その論拠は封建的名分論にのっとって現将軍への血統の近いことを唱え、とくに直弼の言にあらわれるように、下より上を選ぶことの不義をいい、将軍職の相続にあたり幕府部外からの私議をはさむのを拒否する伝統的な幕権擁護の論であった(『公用方秘録』)。またこの派については慶喜の父斉昭に対し、井伊の個人的な反感、大奥の漠然たる嫌悪の情も働いていたといわれる。

一橋派の意見

これに対して慶喜擁立の側では、いうまでもなく慶永を中心とし、これに幕府の海防掛を中心にした進歩派、斉昭をはじめとする水戸藩関係者、島津斉彬(なりあきら)ら有識者大名を加え、のち老中堀田正睦(まさよし)もこれに加担、その外諸藩士・浪士層の間でも積極的に協力し、あるいはその成功を祈るものが多かった。水戸藩士安島帯刀(たてわき)は慶喜によって「末細りし徳川の流れを清(す)ましめん事」を願い(『昨夢紀事』三)、吉田松陰はこの両派について、「紀伊に党(くみ)する者は皆邪人なり。一橋を援くる者は皆忠臣なり」と規定している(「囚室臆度」『吉田松陰全集』五)。そのいうところは、なるほど慶喜は始祖家康の後裔というだけで血統は遠く、また三十歳の家定に十七歳の慶喜では年齢上のつり合いもよろしくないが、国内・外とも多難の時代であれば、現実に暗愚の将軍を補佐するに足る年長と英明とが不可欠の要件であらねばならぬ。さらに衆望の帰す斉昭とのつながりをもつ慶喜を将軍職につけることは、海防上当を得た処置というべきで、幕政を将軍自ら掌握することによって国政執行機関たる幕府機構に新しいテコ入れをし、その支配権力を再強化することを主張したのであった。

すなわち問題は将軍家の跡目決定という幕府部内の私事ともいうべき段階をのりこえ、天下＝国家の大事にじかにつながる重大な課題として、朝野識者の関心と期待とをあつめたのである。

慶永のうごき

ところで継嗣問題にもっとも大きな役割を果した慶永が、いつ頃から慶喜の立嗣推挙の意をもったかはあきらかでない。しかし嘉永六年（一八五三）七月幕府への答申書に、幕政の基礎を固め外敵に当る方策として、政務・軍事一切を委任する大元帥の任命をとき、斉昭をそれに擬したが、ほぼこの頃からではなかったかと想

島津斉彬との提携

像される。すなわち『昨夢紀事』七月二十二日の条には、幕府が家慶の喪(も)を発し諸大名の登城が令せられたとき(七月二日)、殿中においてかねて交際の深かった島津斉彬に対し、慶喜推挙の意を伝え、斉彬はこれに賛成したが外様大名であるので、親藩たる慶永が表面に立って運動を行い、斉彬は裏面から助力するよう相互の連絡がついたということがみえている。ところが『照国公年譜(しょうこくこうねんぷ)』によると斉彬はこれより早く、五月二日より翌年三月まで在藩していたので、この記事をのちの誤入であるとし、このときの二人の談合はありえず、あったとしてもそれは当然元年三月以後のことである、といわれている(井野辺茂雄『幕末史概説』)。

島津斉彬

しかしこの談合が存在しなかったと

しても、このとき慶永に立嗣の意がなかったとはいえない。嘉永六年八月十二日斉昭宛の慶喜の呈書には、このごろ自分を将軍家の嗣子にする論が世上行われているが、ぜひとも辞退したい意をのべていることは（『徳川慶喜公伝』五）、いずれにせよこの議が、ペリー来航と期を同じくして衆議にのぼったことがうかがわれるであろう。

阿部正弘への入説

かくして慶永は八月十日老中阿部正弘に対し、この議を入説した。正弘は、自分も内心同感であるが、事はきわめて重大であり、かるがるしく発言すべきでない、しばらく時機をみることが大切であるから決して他言しないようにと、注意した（『昨夢紀事』一）。元来正弘は格別すぐれた人物というわけではないが、時機をみることに敏で、よく各方面の勢力と均衡して政治を行うという型の老中であり、国内体制を固めるため斉昭に隔日登城を命じたほどであるから、この慶永の申し出に対しかなり共感的態度をもってのぞんだらしい。安政四年彼の急死にあって慶永が、運動をおしすすめる上でいちじるしく不利になったと嘆じていることも、それを裏書きする（安政四・六・二五 左内宛雪江書翰）。ただ答申書に大元帥として斉昭を推したことと、慶喜の立嗣推挙とが、慶永にとってどういう連関性をもつかということについては、あきらかでない。

一橋派諸大名の動き

このように継嗣問題はペリー来航をめぐる事態収拾策として一旦衆議にのぼったが、翌年日米和親条約が結ばれ、ついで英・露・仏・蘭とつぎつぎに同じ条約を締結し、局面がいちおう緩和されるとともにひとまず声をひそめたようにみえたが、安政三年（一八五六）ハリスが下田駐在となり、英国艦隊大挙渡来の風聞高まるに及び、ふたたび活潑となった。この年九月上州（群馬県）安中（あんなか）藩主板倉勝明は正弘に書翰を送り、現在幕政は老中の手に握られているが、これでは人心を服することができぬ故、慶喜を継嗣に定め、衆望に答える処置をとるべきであるとする論をのべた（井野辺茂雄『幕末史概説』）。慶喜を名指して継嗣に推すべき議が、いよいよ表面に出されたのである。当時慶永は在藩中であったが、これと同時に活動をはじめ、勝明と議を通じ、阿波(徳島県)藩主蜂須賀斉裕・宇和島(愛媛県)藩主伊達宗城と連絡をとって提携し、さらに尾州徳川慶恕に働きかけて協力を求めた。かく一橋派大名の横の連絡がつくのと関連して斉彬は、かねてから養女敬子(篤姫)を将軍家定に配せんとの計画をめぐらしていたが、この年十二月入輿が行われた。これは斉彬が慶喜立嗣実現への布石とし、夫人をして将軍を説かしめるという計画を前もってたてていたことによるといわれる(『維新史』二)。

かくのごとく外圧に当面して幕府支配体制の危機を痛感、継嗣の必要を立案し、早くこれに積極的に着手したのは、慶永乃至は大名グループであり、左内乃至は藩士層に指導され、そのすすめに従ってのものでは決してない。このことは継嗣運動の基本的性格を考える場合、記憶しておかねばならぬ。左内がこの運動に身を挺したのは安政四年八月二十日、その三度目の上府以後なのである。

三　左内の登場

継嗣問題に対する左内の関心

もっとも左内は、これより早く継嗣問題についてめざめるところがあった。けれどもそれは彼が実質的に政治にめざめ、いくばくかの活動にのり出した安政二年以後と考えられる。安政二年十二月十八日林鶴梁（かくりょう）が左内へ宛てた書翰に、過日（かじつ）彦根人と面談の際、一橋西城（継嗣）の議があったが、その場合でなく身のためにならぬ故、くれぐれも口外することがないよう申し聞かせた旨の話がしるされている。これによって当時左内もいくばくかはこの議に関心をもっていた、ということは許されるであろう。また『安政丙辰日記』三年四月二日の条に、一橋慶喜の人物評を叙して「英明特絶と申す事」と特記しているのをみると、実際運動に携（たずさ）わる以前、左内もまた一橋建儲（けんちょ）の必要性をあるていど感じていたのである。しかし明道館時代の史料にも継嗣問題についての議はみえず、運動の発端たる嘉永六年には医学研究に余念のない一書生に過ぎなかったことを思えば、ともかくこの議に関し、左内が慶永にその必要を入説したということはありえない。

さて安政四年四月二十五日慶永は勤番によって上府、五月十一日江戸着、中根雪江もこれに随従した。ここにおいて慶永はいよいよ公然建白、年来の宿志を遂げんとしたのであったが、折あしく慶永の親戚にあたり、そのよい理解者であって、暗黙の同意さえ与えていたところの老中阿部正弘が六月十七日死去したのである。これについては六月二十五日左内宛雪江書翰に「違算失望此上なき事」とあり、慶永はじめ側近一同がいたく落胆したことが知られる。加えていかに国事を憂え、宗家の大事を慮(おもんぱか)っての運動とはいえ、事は将軍の一身にかかわる重大問題であり、秘密に行われねばならなかった。また諸藩への働きかけ、幕閣への入説、建白書の草案など、困難な問題が山積している。ここにこそ英才左内の名が、再び慶永及びその側近者の念頭に上ってきたのである。六月二十五日左内へ上府をうながした雪江の書翰に、左内の力で明道館の治績大いにあがっている折柄、「賢兄之不在亦患ふべき最にて候」とあやぶまれつつ、国許のことは村田氏寿で十分負担できようから、「老兄は一日も早く御出府当然と」されているところである。

左内は安政四年八月七日、明道館学監の職を村田氏寿に譲り、五学生(堤五市郎(男爵堤正誼)・三岡友蔵(由利公正の弟)・溝口辰五郎(加藤斌)・横山猶蔵・斎藤喜作)を率いて出発、二十日江戸到着、侍読兼御用掛を命ぜられて慶永の側近に侍し、各方面への入説、建白書の案文作製などに縦横の機略を注ぐに至る。

彼は慶永から課せられた一橋慶喜推挙の任務を、彼自身「今般こそ副儲之義申し立つべき機会」であるとして慶永の意図に全く賛成し、大好物であるという読書を放擲して、この運動の中にひたぶるな情熱を傾注した(安政四・九・一三村田氏寿宛書翰)。そうして藩主のなみなみならぬ苦心を間近にみて深く感激するとともに、幕議にかかわるほどの大事を周旋せんとするわが藩主に、後世に至るまで「有志の誹議を吾君ニ負はせ申す可」きことのないよう、これを自らの力で達成せしむべき決意にもえる(同)。

それでは一体、彼は慶喜を擁しての継嗣運動を通してどのようなことを考えていたのであろうか。彼は海防の根本は国内人心を統一し志気を鼓舞(こぶ)するにあり、そのためには将軍の継嗣を定める外ないとみた(四・一〇・六、村田氏寿宛書翰)。なぜならば英主良将をいただけば戦を開くに至らずして外敵を屈服せしめる手段もたつはずであり

（五・三・一四、福井藩宛京情報告書）、その勢に乗じ国勢を恢復することができると考えたのである。しかも彼は、慶喜をたてることによって対外問題解決の一指針をえようとしたばかりでなく、正に同時にその目は国内に向けられた。すなわち多事多難の当今、「諸侯伯も服すべき程之御賢徳具へなされ候御方」たる英明の慶喜を継嗣に迎えることは「妖黠(ようかつ)魔虜之徒自ら邪心消滅致すべく候、(中略)幾久敷(いくひさしく)海内安寧御当家御

繁栄之基」になると唱え（四・一〇・六、慶永建白書〈左内稿〉）、幕府による支配秩序の再編成を表明した。つまり彼は慶永と正に同じ危機の意識に立ち、そこから問題の解決を求めたのである。しかも藩主を敬愛することあつい彼は一面「固より幕議にも関り候程の義は、畏慎を加えざる故は無き事必然」と危ぶみつつ（四・一〇・二四、田宮弥太郎宛書翰）、なおその名分的危険をかえりみなかった。この議は「只管天下之正理公道」であり、「国家を泰山之安ニ措候一大事」であるとする確信と自負にもえたのである（四・一二・一九、同）。それ故「よしや結党之疑ヲ蒙り不幸ニして指毀ニ罹り候共、定策国老門生天子様之者出来、恐れ乍ら将軍家ヲ辮髦ニ致し候ニは万々勝るべく候」と認識される（同）。

　のちにのべるごとく彼は朝廷へ入説する若干の大名を、秩序を乱すものとしてはげしく論難し、国政は幕府によって動かされねばならないことを力説するのであるが、このことは外圧への対策にからみ、外国の来攻に際しての大名の背叛がつよく警戒され、その対応として将軍継嗣が考えられたことを意味している。いささか煩雑にすぎるが三－四彼のいうところを引いてみたい。

夷狄附入り候はゞ、自然皇国の御恩を忘却仕り、内応等仕り候様の不届者出来仕るべきも計り難し。(五・二・中旬、三条実万宛呈書扣)

是非々々別ニ賢明之御方御択び、副儲之御設け御座無くては、号令之出ル所一ならず、億兆之心皆散渙し、忼慨倜儻之士窃ニ憤懣不平を抱き、(中略)其内ニ内諸侯自然幕府ヲ軽視致し候様成行候而は恐れ多き之至りニ候。(四・一二・一九、田宮弥太郎宛書翰)

旧弊一洗して国体は益々尊厳を極るに到り候ては、第一将軍家自ら万機を躬し、源頭の活水滾々汨々流出来らずして何として諸有志切の力に相叶ひ申すべき哉。其上封建之御制度にて諸侯有力者もこれあり候へば、閣老頤使に甘んじ居り候而已はこれある間敷く、(中略)中興の御大業如何と御痛心止む時なく候。(五・一・一四、川路聖謨へ初対面の応答書)

此儘ニ成行き候ハば恐らくハ列藩も窮窘之余、或ハ怨慝を醸し、怨慝之情忽ち軽蔑之念を発すべきも計り難く、外夷も（中略）狎恩之余、或ひは翻つて覬覦之非望を動し候も計り難く、（中略）衆論洶々として幕府之御処置尽く諸有司の私ニ徇ひ便利を好み候ニ出で候様申し唱へ、恐れ乍ら終ニ幕府をも軽んじ奉り候に至る可き歟ト、杞人之愚衷戦競に堪へず、（中略）叡慮を安んじ奉る処即ち幕府之御為ニも相成るべき、一挙両得之策と申し候ては、恐くは彼建儲之御一策ニ止る可き歟。（五・五・二八、徳川慶恕宛慶永書翰〈左内稿〉）

これらを参看すれば左内が継嗣問題を通じ、外圧に処する国家的対応として幕府を強化し、その威令の回復を求めたこと、おのずから瞭然たるものがあろう。しかもそれは彼自らいうように、「実ニ天下の風を丕変仕り、殆ど慶元（慶長元和）の昔に返」るといった幕府盛代への復古を夢みる反歴史的意識にさえ結びつくのである（五・二・二九、中根雪江宛左内密書）。左内にとっては将軍の親政こそ日本のまさにあるべき当然の政治形体であり、それこそが〝国体〟の尊厳を示す所以(ゆえん)のものでなければならなかった。彼は継嗣運動こそ「仰いで列祖在天之霊ニ愧(は)ぢ奉らず、他日蓋棺(がいかん)之後神州之忠臣為(た)ル事を失はざ」る道であると確信してやまなかったのである(四・一二・一九田宮弥太郎宛書翰)。

もちろん慶永が大名としての身分意識につねに拘束されるのに反し、洋学的教養をゆたかにもつ左内は、彼なりの新しさをもっていたことは否めない。慶永がはじめ鎖国攘夷を前提とした慶喜立嗣によってこの危機をのり切ろうとしたのに反し、左内は海外情勢の洞察の上に立ち、開国通商促進という構想からこれを理論化していく。

左内の開国論

すなわち彼は鎖国攘夷の不可能を知ってこれを国を危ぅくする迂論(うろん)と斥け、「万国へ普通致し海外へ出掛ケ候事、並びに交易之事、兵制御改革位の事ハ彼之国書を待たずして我より発露致し申すべき事、当今為政之大綱領にこれあるべし」

と主張する進取積極性をもっていた（四・九・一二、村田氏寿宛書翰）。

彼がいつごろから開国論をとるに至ったかを明確につきとめることはできない。横井小楠や坂本竜馬といった開明的人物でさえ、当初攘夷を唱え、やがて西洋諸国の武力の強大を現実にみるに及び、一転して開国論に変る、といった過程をたどったのであるが、それとは異なるようである。何よりも蘭方医家として、原書に親しむことを通しナマのままの〝西洋〟の息吹きにふれえたこと、緒方塾での型やぶりの合理主義的な風潮の中で、とくに諸国出身の青年の間でもまれたこと、安政元年出府してひろく天下知名の士との交わりを深めていったこと、などを通し、その結論として彼自らの思考の中から生まれてきたものであろう。

しかも彼の対外認識が書斎の空論としてではなく、すこぶる現実性にとむものであったことは、ハリスの江戸出府前その国書の内容を忖度（そんたく）して、

㈠　和親条約後三年をすぎたにも拘わらず、その実が行われない。

(二) 交易の規定がつくられていないため何ひとつとして交易品を持ってくることができず、ただ米国船が差支えているものを金銭で買取っているにすぎぬ状態である。

(三) 米国以外の国からの交易の申し出を拒絶すれば、あるいは兵端が開かれるかも知れぬ。しかし米国と信義の交わりを結べば米国が援ける故、早く交易通商を約定すべきである。

といった条々をあげているが(四・九・一二、村田氏寿宛書翰)、これはハリスの申し出にほぼ合致していたことからも十分想像されるであろう。しかも彼は当時の通念としてのいたずらなる外国人夷狄観からも自由であった。ハリスの単身来日を「外国人乍ら実に感服の至り、(中略)此に感興せずして徒(いたずら)に彼を夷視仕り候は何等之迂人俗客(うじんぞくきゃく)か、与(とも)に語るべからざる者と存じ奉り候」とさえ評するのである(四・一〇・二一、同)。

しかし左内が外国人夷狄観から完全に脱却していたとはいい難いであろう。同じ書翰にはペリーの『日本紀行』に日本人が臆病で軍略に拙たない旨の記載があることを聞き、先年浦賀での応接の次第は全く彼の術中におち「恫疑虚喝」された結果に相違ないとして彼は、「嗚呼如何せん、堂々神州犬狗之輩に愚弄せられ、嘲笑を万国に伝播致し候事、実に心外之至り、痛哭之極、此の怨み報ぜざれば、復た天日に対すべきの顔なし。昨夜来此の事慥に伝聞、神思鬱々、今日は不快引籠り工夫致し居り候」とのべている。彼の思考があくまで封建制の論理によった以上、まぬかれぬ反面といえよう。

さらに、これは安政五年四月のことであるが、一橋家臣平岡円四郎（方中）と開国交易の是非について論じ、

㈠ 交易は庶民の困窮を来し国のおとろえを招く。
㈡ キリスト教の流入を許せば国内の変乱を生ずる。
㈢ 外国人雑居は不慮の事件のもととなり外国との戦端を惹起する危険がある。

とする平岡に対し、左内は、

㈠ 交易こそ富国強兵の基であり、

(二) キリスト教については日本の僧侶を米国へ派遣しキリスト教を学ばせた上、僧侶自身に正邪を弁別させるべきである。

(三) 外国人雑居による摩擦は時が解決する。そのうちには嫌悪の念もおのずから消えよう。

と答えている(『昨夢紀事』三)。これらによって左内の開国論が、外圧に直面してのその場しのぎの避戦論でなく、深い識見と洞察の上に立った本格的なものであることが了解されるであろう。

安政三年三月十七日夕方大井弥十郎を訪ねた左内は、キリスト教のことを書いた書物を読んだ儒官成嶋司直の感想として、その論は高妙、筋合いはもっとも至極で、とても日本の宗派の及ぶところではない、しかし「其引入レの附物ハ色々宜しからざる義これあり」という話を聞いている(『安政丙辰日記』)。

かくのごとく豊かな海外情勢への識見をもつ彼が、鎖国攘夷という現実無視の政策に随いえなかったことは当然である。この頃当面の問題としてハリスの条約調印の強要が行われているのであるが、彼はこれに対して、将来わが国の体面を汚すことさえないならば、いま一時の恥をしのんでも日米通商条約に調印せねばならぬと説く(五・二・中旬、三条実万宛呈書控)。なぜならもしこの際米国に通商を許せば、他の国々からも続々交易を願い出るであろうが、一々その要求に応ずるほどの国力はとてもない。これを拒絶すればあるいは開戦の事態を招くかも知れないが、たとえそうなったとしても米国は親交の間柄であるから、必ずわが国を救援してくれるであろう。彼にとって、和親条約を結んだことは時勢のしからしめるところであったとされる限り、今はこれを忠実に履行することのみがわが国を永久に安全ならしめる最上の途である。その具体的方法は、通商条約によって米国と無二の親交を結ぶことに外ならず、米国を利用することによって諸外国の進攻から日本を守らねばならぬ、と主張するのである(四・九・一二、村田氏寿宛書翰)。

このような彼の積極的開国論の典型的主張は、安政四年十一月二十八日村田氏寿に与えた書翰の中にもっともよくあらわれている。これは左内の〝日露同盟論〟として左内を語る場合よく引き合いに出されるところであるが、論の展開上いちおう略述しておく。

「現在日本の事務は国内処置と外国対策に帰せられる。いま世界事情に目を注いでみると、近い将来においては五大洲すべて同盟国になり、その中から盟主が起ち、戦乱全く止むようになろう。その盟主になるのは英・露のうちのいずれかと考える。英は慓悍貪欲、露は沈鷙厳整の性格を持っているようであるから、おそらくのちには露国に衆望

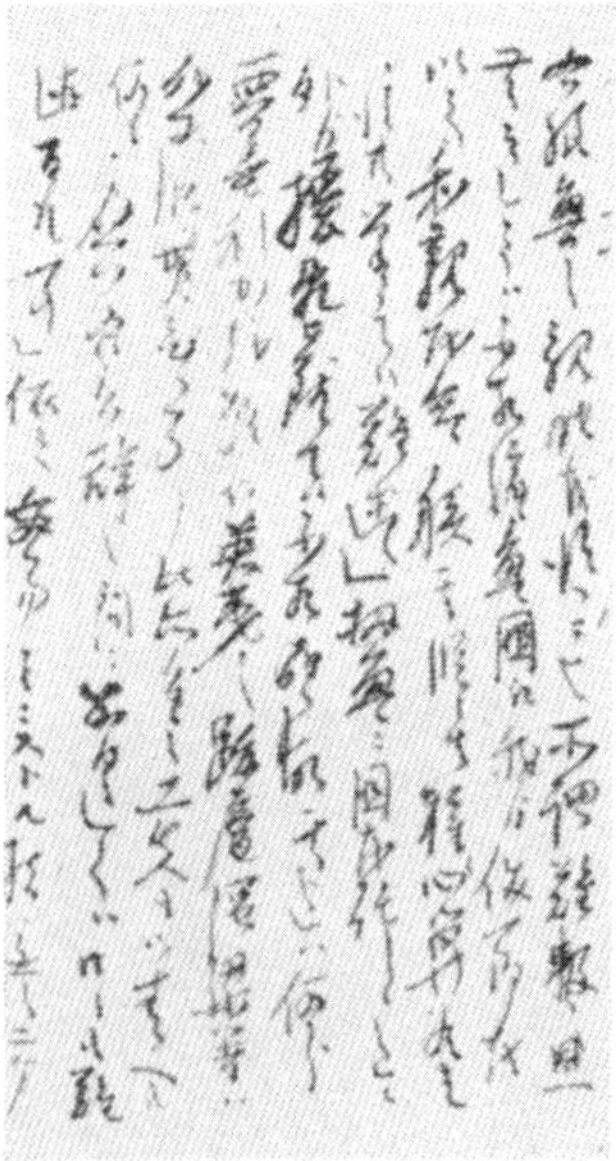

同　盟　論

が帰するようになると思う。ここで日本のことを考えてみると、とても単身自立することはできない。もし独立せんとすれば山丹(沿海州)・満洲・朝鮮またはアメリカ洲内・インドまで領しなくては不可能である。しかしながらこれらの地方はすでに先進諸国が手をつけたのちであり、ましてや今の日本では国力不足である。と

左内の日露

うてい西洋諸国の強兵に敵対することはできない。故にこの際英・露いずれかと親交を結ぶ方が安全である。自分は露国と同盟したいと思う。なぜなら露国は信義もあり、かつ隣国でもあるので、たとえわが国が英国と戦端を開くようになっても、露国の後援があればたとえ一度は敗れることがあっても、滅亡することはあるまい。またここから弱を転じて日本が真の強国となる緒口も出てくると思う」とのべ、とくに親露反英外交＝露国と攻守同盟を結ぶことを提案、一方米国にも接近して、英国と戦うも辞せぬ覚悟をもって国際場裡にのり出すことこそ、わが国のとるべき最上の方法であると説くのである。

弘化三年五月五日下曾根信之が琉球開港問題について幕府の内意を薩藩々吏半田嘉藤次へ伝達した書中に、仏国に頼り英国その他を制しようとする策が見える。また嘉永二年十月父玄沢の排英論の影響を受け、阿片戦争の結果にかんがみた仙台藩士大槻磐渓は、『献芹微衷』をあらわし、露国は世界の強国であり、信義に富み、国境をも接しているから万一英国が進攻するようなことがあれば、松前を開いて露国と通商し、その威を藉りて英国を排斥すべきを論じている。さらに嘉永六年ペリー来航に際し、幕府内部には一旦露国に頼り米国を制しようとした日露盟約の策謀があり、同年末長崎においてプチャーチン E.V. Putyatin と会見した筒井政憲らは日露和親条約を結ぶのち、もしわが国に外患あれば露国の力を借りたいとの意をのべたところ、プチャーチンは承諾した。これらは幕府乃至識者間における英国への警戒心と親露排米主義を示すものといわれている（井野辺茂雄『新訂維新前史の研究』）。左内のこの論はおそらくこうした一般的風潮を反映したものであったろう。

しかるに彼の対外構想はさらに発展してやまない。いたずらに太平を欲して和親無事を希求する幕府の事なかれ主義をつよく批判し、戦闘必至の覚悟をもって兵備の充実につとめた上、「坐ながら外国の来責を俟ち居り候よりは、我より無数之軍艦を製し、近傍之小邦を兼併し、互市之道繁盛ニ相成り候はゞ反つて欧羅巴諸国ニ超越する功業も相立ち、帝国之尊号終ニ久遠に輝き、虎狼の徒自ら畏心消沮仕るべし」という半ば夢想的な構想を披瀝するのである（四・一一・二六、慶永意見書〈左内起草〉）。いうところは当面の対外危機を和親通商によってそらすという受身の対応に止まることなく、むしろ進んで国を開き世界各国と相通じ、「和親の外貌に拘らず益々戦闘必至の御覚悟」を固め（四・九・六、慶永外四大名建白書〈左内起草〉）、万一の場合にそなえて洋式兵制を採用し、露国と攻守同盟を結んで弱小諸国を兼併し、ついには進攻しつつある西洋諸国の上に立ち、逆にこれを支配せんと欲する意図をみせているのである。

しかもここで注目せねばならぬことは、彼がかくのごとき遠大なる積極的開国論を披瀝してのち、「偖右様大変革相始候ニ就てハ、内地之御処置、此迄之旧套ニてハ相済まず、第一建儲、第二我公・水老公・薩公位を国内事務宰相の専権ニして、肥前公を外国事務宰相の専権ニし、夫ニ川路・永井・岩瀬位を指添、其外天下有名達識之士を、御儒者と申名目ニて、陪臣・処士ニ拘ラズ撰挙致し、（中略）其外小名有志之向を挙用候ハバ、今之勢ニても随分一芝居出来候半歟ト存じ奉り候、（中略）畢竟日本国中を一家と見候上は、小嫌猜疑ニハ拘るべからざるハ勿論に御座候」とのべ（四・一一・二八、村田氏寿宛書翰）、藩単位の分立意識を克服して慶永・斉彬・

斉昭ら衆望を担う〝名君〟を網羅結集した封建的規模における統一国家体制の樹立を切言するのである。しかもこの構想実現のための先務が「第一建儲」にあるとされ、また「然ルニ此辺之事御躊躇・御迷惑之御様子に相伺はれ候ハ、全く源頭より活水来らざる故と察上げ候」（四・九・一二、村田氏寿宛書翰）「何卒廟堂一大英主之現存し給ひて此辺之事に御配慮御座候様願は敷く存じ奉り候」と所信をのべている以上（四・一〇・二一、同）、実に彼は、積極的開国という唯一最上の方向をわが国がえらぶに至るための不可欠の前提として、一橋慶喜を将軍継嗣に定めることを求めていたのであった（四・九・六、慶永外四大名建白書〈左内起草〉）。いいかえれば、〝名君〟を網羅した連合体制の上に、慶喜が将軍継嗣として迎えられることにより、はじめて左内の対外構想は現実化へのいとぐちをもつことが可能となったのである。

斉昭との関係

ところがこのことは慶喜が、幕末攘夷論の泰斗として高名な斉昭の子息であるということと、一見きわめて矛盾する様相を示すものである。しかし慶永が四年十月十六日松平忠固宛内書に、慶喜は海防に関する考え方をはじめ斉昭とは相違するところ多く、時勢の変化をよく知っており、当今は穏和な考え方を持っているようである、とのべているように、慶喜は単純なる攘夷論が行われ難いことを知っていた。したがって開国を唱える慶永・左内の線とくい違うことはなかったのである。

かくのごとく慶永の志した継嗣運動は、左内を帷幕に加えることにより和親条約後着々すすむ諸外国の圧力に対して、現下の方針をどう決めるか、という重要課題と緊密に結びつくことをえた。しかも当初慶永のもくろんだ外敵打払のための防備態勢樹立というういわば受け身の姿勢から、積極的な新取開国の方針をうち出すためのものに変った。ペリー来航当時強硬な拒絶論をとなえた慶永は翌年ペリーの再渡にあたっても同じ態度を示したが、三年十月になると旧来の方針に疑問を抱き、その改変を余儀なくさせられている。かくのごとく動揺逡巡する慶永に対し左内の十分咀嚼（そしゃく）された開国論は、その明快な弁舌とともに水のかわきにしむように受け入れられ、左内の指導と輔翼とによってここに開国大名としての慶永が誕生したのである。

四　運動の展開

こうした構想にもとづいて慶永は左内を腹心として使い、四年九月頃から対幕閣・大奥への慶喜推挙の積極的工作にとりかかった。時あたかも前年末下田に来駐したハリスは、しきりに江戸登城・将軍謁見のことを要求しつつあり、条約問題をどう決めるかは緊急の課題となった。したがってこの際、外国使臣に対してその威信を損うおそれのある家定に代り、難局に対処しうる器量をそなえた将軍の輔佐＝継嗣を定めることの必要は、何人もこれを認めるところであった。しかるにはじめ慶永の慶喜推挙申し入れに対し、暗黙の了解を与えたかのごとくうけとられていた阿部正弘は歿し、幕政の中枢は蘭癖といわれた首座老中堀田正睦の手に帰しており、正睦の意中が不明なるまま、一橋派の運動は暗礁にのりあげた形になっていた。

　のちにのべるごとく上京・条約勅許奏請のことがあって以来、熱心な一橋派幕吏の一人として慶喜を推し、そのため遂に井伊から幕閣を追われる破目におち入った堀田であるが、安政四年当時にあっては、必ずしも慶喜支持者としての立場を積極的に表明しなかったらしい。彼は慶永の再三の入説にもかかわらず、殆んど反応をみせなかったのである。というのは、彼はおおむね反水戸（斉昭）的傾向をもつといわれる溜間詰大名の一人であった。慶喜の継嗣決定がやがて斉昭の幕政進出を招くであろうことは多分に予測されるところである。また外国問題が焦眉の急として態度決定を迫られている折柄、堀田は幕閣の中心としての重任を負っている限り、彼が継嗣問題に十分の意を注ぐことのできなかったのは当然である。むしろこの頃の堀田は、老中松平忠固とともに慶福をおす側に属していたともいわれている（井野辺茂雄『幕末史概説』）。しかしながら福地源一郎の『幕府衰亡論』では一橋派幕吏をあげるに「堀田閣老を初として」といっているし、また同『幕末政治家』、慶永の『安政紀事稿本』などによると、堀田は内心一橋派に同意したが、首座老中としての彼の地位の重さが軽々しい発言をなすことを許さなかったとしているのが真実であろう。〝蘭癖〟といわれたほど海外文物への積極的な意欲をもち、開国通商の方針をおしすすめた堀田の胸中には、おそらく左内・慶永らと同じ構想を抱きえたであろうし、またそのいうところをもよく理解されたに違いない。

一橋派幕吏

そのほか幕府部内にあっては本郷丹後守（泰固）・土岐丹波守（頼旨）・水野筑後守（忠徳）・朝比奈甲斐守（田安家附）・岩瀬肥後守（忠震）・鵜殿民部少輔（長鋭）・永井玄蕃頭（尚志）ら外国掛を中心とする少壮幕吏は多く慶喜派に加担した。

一橋派諸藩

諸藩にあってももちろん水戸は慶喜側である。ただしかねてから幕閣の注意人物視されている斉昭との関係で、嫌疑をおそれ表面だった活動をすることはできなかったが、同藩安島帯刀は一橋家小姓平岡円四郎と提携して各方面へ入説をこころみていた。ところが正弘から正睦への政権移動にからんで慶福側の勢力が強くなり、四年五月頃一時慶福決定の風説が流れたほどであって（『徳川慶喜公伝』一）、一橋派としては猶予できぬところまで来ていた。このため安島は八月福井藩邸に中根雪江を訪ねて慶永の斡旋を求めた。慶永ももちろんこれに応じて一橋派大名間の連絡を固くし、積極的な推挙意見の表明にのり出すのである。左内はこの慶永を輔佐して運動の企画をつくり、「着後繁務昼夜間断無く」というように挺身し（安政四・八・二六、村田氏寿宛書翰）、「当時之勢、天下之盤石、唯越前生之一麻縄ニて繋縛して運転せんトスル塩梅」という熱意をもって推進した（四・一〇・七、同）。江戸着後間もない八月二十五日には薩藩屋敷へ連絡に出掛け、二十六日一橋邸へ密用で赴き、この頃平岡円四郎と初対面、意気大いに投合した（四・八・二六、左内宛平岡円四郎書翰）。

これより先八月十四日老中堀田正睦はハリスの江戸登城・将軍謁見の許可を公布したのであったが、このことに関して慶永は、同席の松平阿波守（蜂須賀斉裕）・同相模守（池田慶徳）・同三河守（慶倫）・同兵部大輔（慶憲）とともに堀田にその趣意をただし、九月六日相はかって建白書を提出した。これは左内の原案にかかるものであったが、表面には慶喜推挙については何ら言及しておらず、開国のやむをえぬことを是認し、この上は単なる平穏無事を願う弊害を一掃せねば他日戦闘となった場合、国の大難となることを警告し、武備の増強をいうに止まっている。更に慶永は堀田正睦・久世広周・松平忠固ら老中を歴訪して継嗣問題につきその意中をのべて一応これを諒とせしめ、若年寄本郷泰固や勘定奉行川路聖謨に入説するなど幕府当局者に熱心に運動した。そうして十月十六日松平斉裕とともに公然建白のはこびになったのである。

このような慶永・左内らの熱誠あふるる運動は、第三者によって無上の賞讃の言葉が投げかけられた。尾張藩側用人田宮弥太郎は十一月十三日左内へ宛てた書翰に、「不測の御後患をも顧りみられず、社稷生霊之為に御挺身大策之御首唱あらせられ候段、去りとては無比之御忠誠、（中略）在天之祖霊も嘸々御感格之御事に量り奉られ誠に御頼母敷、（中略）扨々宗社之御大幸此御事に御座候」とのべ、彼らの運動を徳川家に対する無二の誠忠と賞讃しているのである。

しかしながら事は決して安穏円滑に運んだのではない。反対党たる紀州徳川慶福を推す一派の勢力もあなどりがたいものがあった。紀州藩附家老水野土佐守忠央を中心とし、井伊直弼・松平頼胤（讃岐守）・松平乗全（和泉守）ら反水戸を標榜する溜間詰譜代大名の空気は多く紀州派に傾いていたといわれる（滋賀貞『景岳橋本左内』）。

松平忠固への接近画策

また九月老中に再任した松平忠固は斉昭との間がきわめて疎遠であって、慶永らは非常に苦心した。十月十六日建白にあたってもとくに忠固に内書を送って、慶喜は斉昭の子ではあるが決して斉昭のような勇往直截的性格でなく、時勢にもあかるいことなどを附言している。さらに忠固との関係を円滑ならしめるため、手づるをたどって献金の申し出までした（四・一〇・二一村田氏寿宛書翰）。これについて左内は「小拙存念にては此後は益々諸方へ賄賂等までも致し度しと思ふ位に御座候」とのべ、慶永の逡巡をおし切って積極的に実行にうつさんとした（同）。福井藩勘定奉行の石原期幸も、これに応じて剰余金八千余両の中から五千両をこれにあてんとしたが実現には至っていない（『昨夢紀事』三）。

次に尾張藩徳川慶恕との提携である。慶恕へはさきに慶永から継嗣の件につき書翰を送って意志を通じてあったが、左内もまた吉田東篁の示唆をうけ、八月十一日上府途上田宮弥太郎を訪い「一―二経世之話ニ及び」「天下之勢区々之手段ニてハ維持致し難」いことなど談じている（『丁巳東行日記』）。十月二十四日石原期幸を尾張藩に派遣し、共同闘争を申し入れたが、これに対する田宮の返事はきわめて慎重であって、主旨には賛成であるが重大事件であるため別個にやりたい、というにあった（四・一一・一三左内宛田宮書翰）。十二月十九日左内は再び田宮へ書翰を送り、立嗣は天下並びに幕府の隆替にかかわるべき大事であって、親藩として力をつくさぬのは恥辱である。結党の罪は正理の前に恐るべきではなく、三－四の親藩が協力すれば外藩もこれに従おう。いま宗家のため力をつくさなかったならば、平生学ぶところはすべて「口舌徒談之相」となり、「恐れ乍ら将軍家ヲ辮髦ニ致し候ニ」も至る、と極言して協力を勧誘したが、さしたる効果はえられなかった。

大奥への対策

　さらに大奥に対しては家定夫人の関係から島津斉彬が手をまわしていたが、左内は斉彬の命を含んで上府した西郷吉兵衛とよく提携し、西郷は「恐れ乍らも後宮之御方ハ、寡君方より如何様共折合を付候様取計らふ可し」との抱負をのべている（五・一一・一九、左内宛西郷書翰）。かくして西郷は家定夫人、及び薩摩屋敷老女小の島を通じ、御台所附老女幾島をうごかして家定生母の本寿院の姉本立院に働きかけ、また幕医戸田静海を使って正面から、ともに家定に慶喜を指名させようとしたが、大奥は概して反水戸的であり、ことに斉昭は大奥女中の鬼門としたことから、あまり功を奏しなかったといわれる。この間をぬって紀州派水野忠央の活動はつづき、本寿院をひきこみ、家定附の近侍たちを抱き込んで安政四年末には一橋派を凌駕する勢いであった（『大西郷全集』三）。

川路聖謨説伏

西郷隆盛

また幕府内にあって開明派と目された川路聖謨は、慶永からのたびたびの呼びかけにも拘わらず容易に本心をあきらかにしなかったが、慶永は左内に川路の説伏を命じた。さすがに左内は事の重大さの故に一旦は拝辞したが、五年正月十四日川路へ宛てた慶永の直書及び左内への書下をもって川路を訪ね、論を交わし、所信を披瀝したあげくついにこれを説伏、慶永への助力を同意せしめた。このとき川路は、左内のするどい弁論によってほとんど半身を切りとられたようであった、とのべている（『昨夢紀事』三、重野安繹撰「景岳橋本君碑」）。

福井藩の情勢

かくのごとく慶永は慶喜推挙の件を幕閣内部につよく入説し、同志大名との連携を固めて事の推進にあたったが、大勢はやはりハリスの強要によって通商条約の問題を片附けるのが先決であり、継嗣はそのあとに決める、という方向に傾いて行ったらしい。それにはまず朝廷に通商の勅許を乞わねばならぬ。したがって継嗣問題の舞台も京都へうつり、一橋・紀州とも自派への勅命の降下をはかって暗躍するようになるのである。

慶永を中心とし左内・雪江ら側近のこの熱心なる運動は、その他の福井藩士にあっても当然のごとくその成功を願い、これに尽力するものが多かった。たとえば本多修理・長谷部甚平・村田氏寿・榊原幸八・市村乙助・明石祿助といった人々である。これらはいずれも大なり少なり慶永就封以来その藩政革新の基盤となり推進力となったひとびとである。

しかしながら慶喜推挙の運動は藩こぞって熱中し、奔走したとはいいがたいものがあろう。松平主馬(しゅめ)を中心とする守旧派は、表面立った反対は行わないにせよ、これを傍観視し、機会あらば手をひかせたい希望をもっていたものと想像される。要するにこの運動は慶永が立案し、これを輔佐した左内・雪江によって理論的・行動的に支えられ推進されたのであった。

慶永への衆望

また藩外においても林鶴梁(かくりょう)・柳川藩(福岡県)立花壹岐・熊本藩長岡監物(けんもつ)というような地方有志層からも慶永に対する敬仰の念をみせ、外交内治全般にわたっての尽力を期待する意志を表明するものがあらわれてきた。ことにハリスの江戸出府が許可されたときにあって、むしろ対外問題はしばらくおき、幕政の大本に力をつくす、すなわち賢明の将軍を擁することの必要を唱えるというように、あきらかに慶永ら一橋派の成功を希求する姿勢を示している（四・九・一、左内宛立花書翰。五・二・初頃カ、同林書翰。四・一一・四、同長岡書翰）。したがってこのような観点からは、必然的に慶永の推す一橋慶喜の継嗣たることをのみ願うに満足せず、慶永自身を幕政へ参加せしめようとする議論となってあらわれる。すなわち慶永を慶喜の輔佐＝宰相（大老）として幕閣の強化を求めるのである。このことは和親条約以前にあって攘夷論の泰斗として断然たる衆望を集めていた徳川斉昭が、その後の対外情勢の変化によって影がうすくなり、代って現今の「白河侯」の名があり（八・二六、村田氏寿宛左内書翰）開明的識見にとむ少壮気鋭の慶永の上にそれが帰したと考えられる（四・九・頃、左内宛村田氏寿書翰）。

福井藩士の期待

慶永の幕政参与への期待は福井藩士の中にもみられる。村田氏寿は左内からの書翰で慶永の声望いよいよ増したことを知ってよろこび、たとえ慶喜が継嗣に決定したにせよ、この人とても非常の英傑でない限りぜひとも輔佐を必要とする。この輔佐には主君慶永を除いて他に適任者はない。「畢竟今日の大事誰に御譲りなさるべき様もこれなく、何もかも御引受の御覚悟にこれなく候ては相済まざる事に存じ奉り候」とのべてつよくこれを主張した（四・九・頃、左内宛村田書翰）。江戸時代老中にのぼる家は伝統的にほぼ決定しており、親藩たる福井藩主が老中乃至大老の座につくというのは非常のことであって、殊にそれを下からの要求によってかちとることは、場合によって主家の危殆を招く危険性が多分に予測されたのであろうが、それを憂える意識はあまりみられない。要するに彼らには、幕府の藩屏として公明正大の周旋を行いつつあるという自負心がつよく流れていたからであろう。

継嗣が慶福に決定してのち、村田氏寿は慶永の年来の素願が水泡に帰し、「其外徳川家御為に尽しなされ候御義一事も思召之儘なら」なかったことを痛憤して、「彦老・道醇老、徳川氏之骨肉柱石を指斥貶黜、旁以言語同断、追付東照宮の御神霊の為に雷火にても打たれ候事」とのべていることから十分推考することができる（五・七・一六、左内宛書翰）。

このような意識は当然のことながら左内の腹中にも存在したのであろう。十一月二十八日有名な日露同盟論を披瀝した村田氏寿宛書翰に内政の改革を論じて、「第一建儲、第二我公・水老公・薩公位を国内事務宰相の専権にして云々」というのにうかがえるごとく、慶喜を継嗣に立てることによって対外構想が円滑に現実化されるとみたのでなく、正にそれに直結するものとして慶永の参政を求めたのであった。正しく榊原幸八がいうように、「廟堂之権は手に落ち申すべき」ことを求めているのである（四・一一・一一、左内宛榊原書翰）。

他藩士の期待

更に福井藩以外にあってもこのことは同様である。たとえば一橋家平岡円四郎・水戸安島帯刀の二人も出馬を辞退する慶喜に、継嗣に入ってのちは万事慶永に一任すれば、煩雑さからも免かれスムーズな政治を行うことができよう、として慶永参加の必然性を明言した（五・三・一八、左内宛中根雪江書翰）。従って一橋派の側において慶永に期待するの論は、五年六月二十五日慶福立嗣が決定してのちも〝挙大臣輔佐〟という形でひきつがれていった。

第六　内勅降下と条約勅許の周旋

一　条約勅許の奏請

ハリスの調印督促

将軍継嗣運動が半ば公然と論議され、公式の建白書にもうたわれるようになるのは安政四年九月以後である。ところが慶永らの熱心な入説周旋にもかかわらず、事態は必ずしも円滑に打開されなかった。これは将軍の私事にかかわるという問題の性質上秘密に行われねばならなかったためであり、その外水戸へつながる疑惑などが意外な障害となっていたわけであるが、もっとも重大な理由はハリスの通商条約調印を求める督促が激化し、老中はじめこの方に忙殺されていたため、継嗣問題は二の次におかれたことにあった。

ハリスとの交渉

すなわち安政三年下田に来駐した米国公使ハリスは、適確な情勢把握の上にたったねばりづよい要求をくりかえすことによって、四年十月江戸出府・将軍謁見を実現させ、ついで調印の交渉をおしすすめ、十二月になると条約をとり交わすということのお膳立てを完全にととのえてしまった。すなわち幕府は、十二月以降井上清直・岩瀬忠震を全権として蕃書調所においてハリスと十三回の談判を重ねさせ、越えて五年正月四日、六十日以内に通商条約調印を行うという老中堀田正睦の書をハリスに交付したのである。

朝廷の立場

しかしながら幕府はここで朝廷の許可を得なければならない。いうまでもなく朝廷は、江戸幕府開設以来長く政治の権外に置かれていた。遠くは寛永の鎖国令の発布にあたっても幕府は事前に朝廷の了解をえていないし、事後の報告をも行っていない。ところが弘化三年（一八四六）八月突如として——斉昭の入説によるといわれている——海防を厳にすべき意味の勅書を幕府に下した朝廷は、安政二年（一八五五）斉昭の建策によって、五畿七道の諸国司へ対し寺院の梵鐘を鋳つぶして大砲を作れという趣旨の律令の昔さながらの太政官符を発するなど、徐々に政治の舞台にその姿を現わしはじめていた。それはもちろん朝廷自身が政治的に力をえたというのでなく、これを引き出し、利用せんとする気運がうごいてきたからである。時勢が朝廷を前面におし出したのだ。朝廷のもつ伝統的・神秘的な権威が動揺する幕府権力に対置され、〝国難〟に対処しうる鍵をもつものとして意識されはじめたのである。このような趨勢(すうせい)にしたがって幕府はペリーの渡来とその処置、和親条約の締結についてもこれを朝廷に言上、諒承を求めてきたのであったが、その後ハリスの駐箚(ちゅうさつ)・江戸出府・登城等についてもその都度奏上したのである。

更に十二月六日ハリスの演述書及び応接書を呈上し、同十三日には米国に通商を許可すべく、公使駐在・開港場の増設については談判の上決定したき旨奏上した。しかしこのころになると幕府の出方に対し、朝廷の態度は意外に硬化していた。十二月二十六日朝廷は畿内及び近傍に外国公使駐在のことのないよう、また開港場を設けることのないようにとの勅を発している。

林大学頭らの勅許奏請

このような情勢の中で勅許奏請の使林復斎(大学頭)・津田正路(目付)の二人は入京した。林らは海外事情を説明し、条約締結のやむをえないことを極力主張したのであったが、彼らの力では朝廷を説伏するに至らなかった。「此度は儒者も取あはずまぬけやまもみぢのにしき神のばち〳〵」というように落首に嘲けられたあげく、五年二月空しく帰府することになる(『昨夢紀事』三)。ハリスとの談判さえととのえば容易に調印をすませ得ようとはじめ楽観されていたこの問題は、にわかに暗礁にのりあげた形となった。

堀田老中の上京

ことの意外に驚いた幕府は正月二十一日、首座老中堀田自ら解決に当ろうとし、外国掛川路聖謨・岩瀬忠震を伴い、京にのぼることになる。はじめ堀田は、幕府を代表する首座老中の権威をもって朝廷に対し、場合によっては黄金の魔力をかりて公卿を買収することをすれば、朝廷の説伏は容易であると考えたらしい。出発前彼は松平慶永へ対し、十日もあれば使命を達することができようとのべたほどであった(同)。

勅許の必要

ところがこのときの朝廷はもはや政治に無縁にして無力な昔日(せきじつ)のそれではなくなっていた。嘉永六年ペリー渡来にあたっては京都の意見を聞くことを主張した大名は殆んどなかったにも拘わらず、安政四年十二月ハリスとの応接書及び条約草案を示して条約締結の止むなきを説明し意見を上申せしめた際には、多数の大名がまず勅許をうることの急務をのべている。十一月二十一日松平斉裕(なりひろ)・慶倫(よしとも)・慶徳(よしのり)の決議箇条には「一、今般の義ハ至重の御一件ニ付禁裏へ御伺之上御取極之事と存じ奉り候。一、左様これなく候而(て)ハ相済み難く候」とある(同)。

幕府開設以来一切の国事を独断し来り、容喙(ようかい)するのを許さなかった幕府の専制体制は大きくゆれ動いた。対外問題が重大化してくるにつれ、幕府が朝廷に対し政策の裁可を乞うべきことが当然のことと義務づけられてきたのである。これは幕吏乃至(ないし)大名の側から唱えられたことであるが、これとともに朝廷側自身からも

朝廷の硬化

主張されはじめていることを注目しなければならない。すなわちはじめから通商を好まぬことはたしかであるといわれた天皇のもと（安政五・二・中旬、三条実万宛左内呈書控）、公卿の中にも才能・気象とも幕吏よりすぐれた人物が多く、彼らは幕府はただ何もかも外国の申し出に従っていると憤慨している状態であって（五・二・二九、中根雪江宛左内密書）、幕府のなしくずしの開国通商許容の方針にはつよく反対の態度を示していた。三月七日付橋本実梁意見書には、すでに和親条約のとりきめに従って開いていた下田・箱館の二港をも閉ざすべきことをさえ主張するほどであった（『大日本維新史料』三ノ二）。

堀田の意図

　このような情勢に対応して堀田は勅許奏請ということで朝廷への名分をたて、あわせて勅許をうることによって調印の正当性を天下に示し、水戸をはじめ条約反対の立場をとる諸大名・識者を説伏する口実を求めようと考えたのである（五・二・二、左内宛中根雪江書翰。『開国起原安政紀事』）。

　しかしながら堀田が自らの上京に企図したのは、ただ勅許を得るという当面の案件にのみあったのではない。永井尚志・井上清直・岩瀬忠震ら外国掛有司とともに断然開国を主張し、のち調印是非の討議にあたっては「不レ俟二勅許一調印論」をさえ唱えた彼である（『幕末政治家』）。川路聖謨の建議により賄賂によっても関白以下衝にあたる公卿を籠絡し、外交のことは一切幕府に委任せられるよう画策していた（五・二・八、中根雪江宛左内書翰。『昨夢紀事』三。『幕末政治家』）。政治的地位を高めつつある朝廷をこの機会に抑えつけ、今一度幕府の主導権を奪回しようとはかったのである。

朝廷の勢力伸張が天下の危機を呼ぶといった考え方は、必ずしも堀田のみの危惧感ではない。たとえば当時〃名君〃の一人に数えられ、「元来は佐幕家にして、幕府の衰弊するを大に患ふ」といわれた山内容堂は（『逸事史補』『松平春嶽全集』一）、一貫して「皇国安全」のためには朝廷の政治的地位の伸張は危険である、朝廷からとやかく口出しすることがないようにし、条約のことは幕府の権限で処置をつけ、対外問題に関して一切朝廷をおさえつけてしまうべきであると断じている（『昨夢紀事』三・五、参照）。また斉昭でさえ「叡慮を安んずるの道立たば、大政委任の廉を以て専決するも可なりと認め」ていたといわれる（『徳川慶喜公伝』一）。

こうして堀田は二月五日京都着、朝廷工作にとりかかった。ところが朝廷では、天皇はじめ諸公卿ともかるがるしく幕府の奏請を許すべきでないとの意見がつよく、内大臣三条実万（さねつむ）・左大臣近衛忠熙・青蓮院宮（しょうれんいんのみや）（朝彦親王・中川宮・賀陽宮）及び関白九条尚忠らはこれにくみし、太閤鷹司政通・東坊城聰長らの勅許降下論を抑えていた。二月二十一日の朝議においても硬論が制し、二十三日、このたびの一件は重大問題であるので、三家以下諸大名の赤心（せきしん）をたずねたい、各々の所存を書きとった上叡覧に入れるように、という第一回の勅答が発せられた（『幕末外国関係文書』一九）。朝廷は許可を与えずして再議を命じたのである。

第一回勅答

朝廷内の情勢変化

九条関白の軟化

ところがここで朝廷の情勢にひとつの変化があらわれてきた。従来強硬論を主張してきた関白九条尚忠に対し、かねてよりすみやかなる調印の締結を願っていた井伊直弼は、腹心長野主膳をつかわして九条家々臣島田左近に通じ、軟化せしむべくはたらきかけていたが、堀田の方からもかずかずの金品をもって九条を手なずけ、ついに外交議幕府委託はほぼ成功するかにみえた。

鷹司太閤の硬化

ところがその矢先、はじめ関東に媚び収賄の疑いすらあった太閤鷹司政通は(五・二・二九、江戸邸宛左内密書)、家臣三国大学・小林良典の入説により三月中旬(三月十八日付長野宛島田書翰では局面の変化を十二日とみている)突如前説をひるがえして強硬派に転じ鎖攘の意見を密奏するに至り、また三月十二日八十八人・十三日三十六人・十四日十九人という下級公卿の連帯結党反対のため挫折するに至った(『幕末政治家』)。

一体、二月中の勅許可否をめぐっての九条・鷹司の関係は逆で、九条の方が対幕強硬の説をもち、「主上は関白ニ御左袒の事」であったのに反し(二・二九、江戸邸宛左内密書)、鷹司の方が「鷹一人異論にて、(中略)何分関東の意ニ触れ候てハ如何と、頻リニ壅圧致され、其の為諸卿有志家御迷惑なされ」た有様であった(同)。ところが三月中旬になると「正邪処を換へ、太閤様ニは遂々御特立正論に成りなされ、却て関白殿下因循之御論と相成り、種々姑息曖昧之御処置御座候て、有志一等切歯憤懣罷り在」るようになって（三・一四、中根雪江宛左内書翰）、鷹司が硬派にまわり、九条が軟化してしまった。鷹司の変心については、のちにのべるごとく左内の活躍が力あり、九条へは長野らの策動がはたらいたわけであるにせよ、京都側の政見がともすれば外よりする工作にうごかされやすかった証左の一つといえるであろう。こうして三

第二回勅答

月二十日に下された勅答は、下田条約以外は許容しがたく、今一度大名の衆議言上を命じ、もし異変あらば開戦をも避けぬというもっとも強硬な朝廷の態度を示すものであった（『中山忠能履歴資料』二）。通商条約に勅許を求め、外交問題については一切幕府に委任させようとした堀田らの企図は完全に失敗したのである。

堀田と継嗣問題

しかるにその堀田は四年九月以降、慶永たびたびの入説にもかかわらず、継嗣問題に積極的な反応はほとんどみせなかったのであるが、京都における勅許交渉の困難化するのに直面し、あらためて継嗣の必要を痛感したといわれる（滋賀貞『景岳橋本左内』）。三月二十一日将軍継嗣に英傑・人望・年長の三要件――それは慶喜を暗示するもので

あった——をもって決定せしむべき朝廷の内意あるを聞いた堀田は、「上京已来の有難き事ト存ぜられ候御儀ト」左内から推察され（三・二四、中根宛左内日報書）、自らも天皇の意を安んずべき唯一の急務として、英明の継嗣を定め国務を固めることを建言した一橋派幕吏となっていた（三・二六、勅諚に対する堀田書面）。

二　左内の上京とその任務

さて堀田の上京は正月二十一日であったが、あたかもこれと時を同じくし、二十五日左内もまた「大坂行御用」を蒙り（「安政四仲秋丁巳東行日記」）、横山猶蔵・溝口辰五郎とともに二十七日上京の途についた。左内の上京任務について藩の辞令には「航海術原書取調べのため出坂仰付けらる」とあり、上京でなく上阪であり、しかも当面焦眉（しょうび）の問題であった継嗣のことについては全然ふれられていない。

またもうひとつの名目（めいもく）として縉紳（しんしん）諸家への染筆（せんぴつ）願い、または秘書記録類探出を

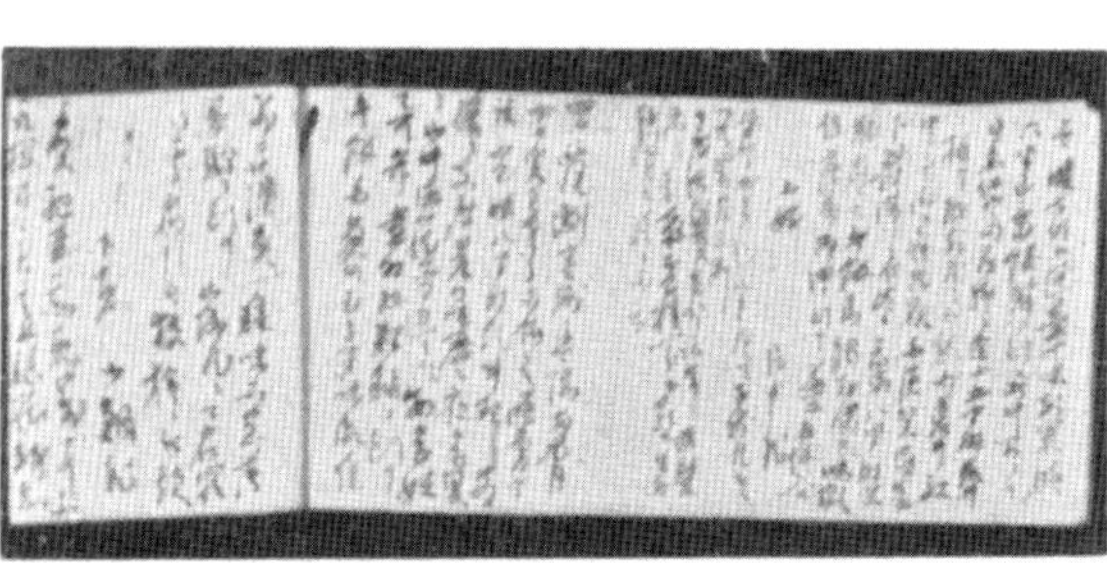

左内の日記（安政5年2月3日条）

唱えているのであるが（二・八、中根雪江宛左内書翰）、二月七日雪江へ宛てた書翰には、そのこと自体をすでに表向きの口実としていることを仄(ほの)めかしている。しかしながら出発前西郷吉兵衛や安島帯刀に対してさえ「国許行」と称して上京を秘し（一・二〇、西郷宛左内書翰）、桃井伊織あるいは亮太郎と変名したことからも分るとおり、これらは嫌疑をさけるためのカムフラージュであった。滋賀貞氏はこの左内の上京についてもともと「幕府使節の為に遊軍として力添を」することが主であったが、着京後、諸大名の入説手入れによって継嗣決定の舞台が京都にあるのが分り、外交はさておきまず建嗣に全力をそそぎ、内勅降下あるよう運動することになったとされる(『景岳橋本左内』)。外交交渉に左内が協力し、条約許可あるよう側面から援助をこころみたことは事実であるにしても、かねてより左内は建嗣こそ一切の案件の先決課題であるとつねづね主張した限り、むしろ継嗣問題こそ先であり、それを有利に展開するための方策として外交問題が利用されたことはあきらかであろう。要するに左内上京の目的は国許行・原書取調・染筆願いでなく、幕吏を助けて調印の勅許をうることを主にしたのでもなく、それら一切の基盤とし前提としての一橋建嗣を成功せしむべく朝廷を動かし、「天上よりの一声」すなわち慶喜への内勅をうることにあったのである(二・一一、左内宛石原期幸書翰。中根雪江『橋本左内伝』)。

旅の途中、いまにも外国との戦さが始まるかと戦々兢々(せんせんきょうきょう)の流言がしきりに行われ、「雲介(くもすけ)・土民迄大ニ担憂、頻ニ詰問」するのを、処々で弁解論諭(ろんゆ)した左内は

三条実万への入説

（二・八、中根宛左内書翰）二月七日着京した。二月八日まず山内容堂から三条実万及び同家諸大夫森寺因幡守へ宛てた直書をもって直ちに森寺をたずね、こえて九日山水図と金千疋をもって実万に対面、「茫然の御様子」である彼に攘夷の不可と開国の止むをえぬことを説明し、海外事情の切迫を論じて防海を大名へ厳重に申し渡すべきことを説いた（二・中旬、三条宛左内呈書控。二・二九、江戸邸宛左内密書）。つづいて論をすすめて継嗣問題に及び、慶喜のことを持ち出して、三条を「拍掌御歓ニて其の人を得たト」いわしめ、周旋を約束させた（二・二九、江戸邸宛左内密書）。

青蓮院宮への入説

また京都縉紳中の人傑と称された青蓮院宮が（同）、「越ハ頼ニならぬト仰せられ、大ニ御機嫌宜しからざるよし」を知って十六日その諸大夫伊丹蔵人を説破して宮の機嫌を直させ、対面が叶うようになった（同）。こうして青蓮院宮へも一橋建嗣の必要性を十分に説明・納得させた上、態度をはっきりしない川路聖謨を二十一日宮に対面させ、宮の口から川路へ慶喜推薦の件の助力を承知させようとしたのである（三・一四、福井藩宛左内書翰）。しかもこれについて疑念をもった高名の儒者久我家の春日潜庵をも「大議論ニて氷釈」させ、慶喜のため死力をつくして周旋することを約束させるなど、非常な活躍をなした（二・二九、江戸邸宛左内密書）。

鷹司太閤への接近

更に朝廷内部に隠然たる勢力をもつ太閤鷹司政通ははじめ幕府に媚び、収賄の悪評さえ高かったのであるが、家臣三国大学が越前三国の出身で中根雪江の旧知であることを幸い、これに接近し、その紹介によって家臣小林良典と相知り、太閤を一橋派側へ引き入れようと心を配った。とくに太閤と水戸との姻戚関係を利用し、また慶永より三国へ周旋を乞う旨の直書を送らせ（三月二十一日到着）、三国がこれを披露したところ太閤及びその子右大臣輔熙も「存外御都合能く相運び」、彼らは周旋をひきうけた。かくして堀田帰府の際には「英傑・人望・年長の三件を以て選挙これあるべく仰渡され候事に御治定」したのであった（二・二八、中根雪江宛三国書翰。三・一四～五、左内宛三国書翰。同日、村田氏寿宛左内書翰。三・二二、中根宛三国書翰）。二十二日付三国書翰にはこれによって「当地之運策」は全くととのい、あとは江戸での術策にまつのみであると結んでいる。

ところで慶永は、当初幕府の私事である継嗣問題に朝廷をわずらわさないことを希望しており（滋賀貞『景岳橋本左内』）、その外一橋派大名にあっても、山内容堂のごときは京都的権威をもち出すことには多分に懐疑的であった。また左内自身のちにのべるごとく藩主と将軍とに忠をつくすことを武家の本分とし、ひそかに朝廷に接近、いわゆる京都手入れを行うことを売忠の賊・献佞の徒と断じたのに、その彼があえて朝廷に近づき、慶喜への内勅を求めて、朝廷の意志が幕政に容喙する危険をかえりみなかったのは、反対派たる紀州慶福擁立派への牽制としての重大な意味を持ったからである。

すでに同じ頃紀州派も井伊直弼の臣長野主膳が入京し、島田左近によって九条関白に近づき、これまた自派の態勢を固めようと内勅許可をはかっていた。したがってこれとの対抗上、一橋としてはぜひとも自らの主張の上に〝勅旨〟を得て態勢を固めねばならなかった。それはもちろん尊王とか朝旨の尊重とかいうもの

堀田を援助、勅許降下を画策

でなく、あくまで戦略上の手段として勅諚（ちょくじょう）の重みを利用せんとしたのである。

さて、左内上京の任務はすでにのべたごとく内勅降下をはかることにあったが、ここで注目すべきは条約勅許の奏請使たる堀田一行との関係である。幕府親藩の臣であり、開国論者の彼の拠点をかえりみなければならない。すなわち、条約の勅許を願う堀田らを側面より援助し、すみやかにその任務を達せしめ、勅許降下に努力することこそ、彼のになう第二の任務であった。継嗣と開国の二問題は彼にとっては車の両輪のごときものである。また堀田は一橋派への傾向をもつと考えられる首座老中であり、幕閣において〝蘭癖（らんぺき）〟とさえいわれるほどの開明性をもつ幕吏であった。しかも継嗣問題を有利に展開するためには、堀田の当面の重要課題である条約問題をはやく解決し、すみやかに継嗣問題に当らせる必要がある。

当初予想したごとく「果して京師ハ打払の説盛ニて甚だ心痛」した左内は（安政五・

二・一〇、町奉行所に於て取調応答に関する藩目付報告）縉紳・公卿らに対し、機会あるごとに海外事情を説いて攘夷不可能を覚らしめ（たとえば二・中旬、三条実万宛左内呈書控）、「堀は拙人也と御笑なされ」た堀田らを「随分介護」し（二・二九、江戸邸宛左内密書）、進んで助勢を申し出で（二・二一前後、川路宛左内書翰）、堀田らが公卿から軽んぜられ「関東の言辞信を取るに足らずト」されるや、「偖々嘆息の至ニ御座候」と深く憂えるのである（二・二九、江戸邸宛左内密書）。

　彼は内勅を得るための画策と並んで条約勅許の降下に努力する。彼の着京後二十日をすぎて二月二十三日第一回の勅答が発せられた。ところがそれは三家以下諸大名に台命を

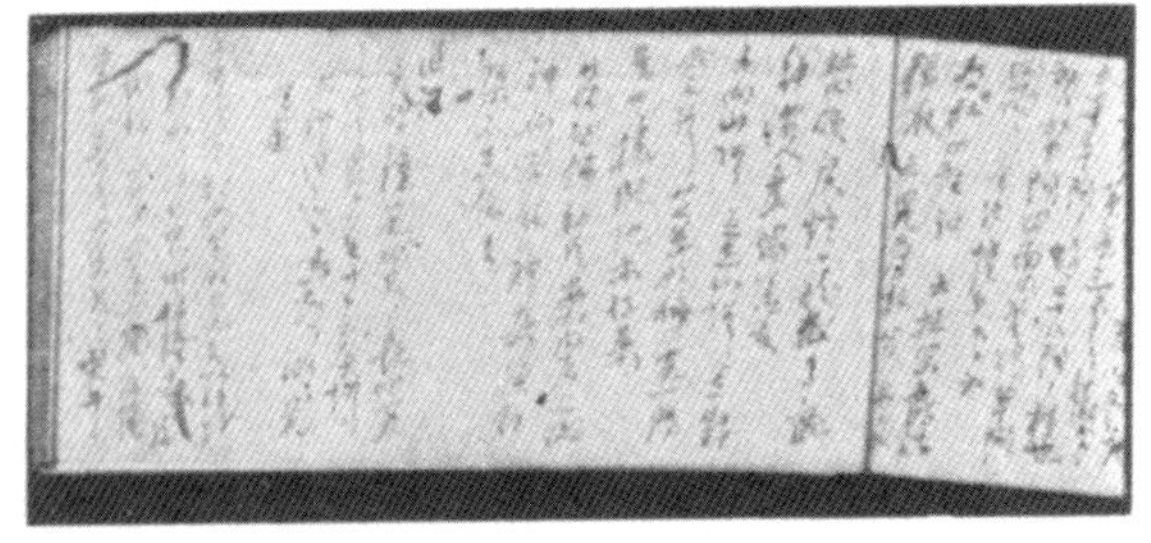

左内の日記（安政5年3月27日条）

下し、その所存を問わんとしたのみで、開港の可否については何らふれるところはなかった。それ故彼は三条実万と激論を交わし、朝廷がいたずらに時日を遷延して和戦の確答を与えないのを、「列侯之赤心天聴に達し候はば天下無事に治り候御見込に御座候哉」ときびしく追及し（五・三・一四、福井藩宛左内書翰）、また青蓮院宮に対しても、公武間の熟談を重ね国是を定立すべき旨懇望するのである（五・三・二四、中根雪江宛左内書翰）。そして当然のことながら条約許可を与えなかった三月二十日の勅答を不満として、二十一日三条実万に対し「今此大事之矢先ニ有志之者ニ怒られ候てハ、恐れ乍ら御為ニも相成らず云々」と威嚇的態度でのぞみ、降勅にはなったけれどもまだ和戦のことが決しない、これより尽力すべき時であると、この上とも奔走せんとの決意を中根雪江へ伝えるのであった（五・三・二四、中根宛左内書翰）。

朝廷の硬論を追及

次に考えたいことは、このころ京都を中心に攘夷論を唱えて堂上周辺に入説し、幕府側の開港意見と対立していたいわゆる王室書生——梅田雲浜・梁川星巌・頼

尊攘派との関係

三樹三郎ら、および地方に在って活動した吉田松陰ら一門、乃至（ないし）は大橋訥庵（とつあん）・平野国臣・有馬新七・真木和泉というような尊攘反幕的傾向をもつ志士たちと左内との占める歴史的位置の相違についてである。

すでに考察してきたとおり、この時点における左内乃至一橋派の意図するところは、徐々に政治的地歩を固めつつあり、外圧へ対処すべき国内体制強化の拠点としての姿を示しはじめてきた朝廷を中心とするのでなく、逆にこの趨勢に対抗して幕府中心の強力な集権的支配体制を回復することにあった。したがって卑俗な表現をとるならば敬幕・佐幕的性格を担（にな）うものであった。

それにもかかわらず現実には梅田雲浜ら尊攘反幕派志士が多く一橋派の行動に賛意を表し、あるいは協力的な動きを示していること、また幕府側の働きかけによって生じてきた朝廷内公卿の硬・軟両派の対立の中で、左内＝一橋派が反幕的な硬派公卿に接近し、提携していることが問題の正しい把握を狂わせていると思われる。

まず硬派公卿の場合を考えたい。

紀州派が慶福立嗣と条約勅許を求めて九条と通じたことは、この後における幕末史の展開の上で、九条が終始佐幕的路程を歩んだことから矛盾なく理解できる。これに反して左内が上京後建嗣の論を達せんとして入説し、助力を願ったのは、当時正論家＝反幕派として尊攘派志士から嘱望された三条・近衛・青蓮院宮というような硬派の公卿縉紳であった。

たとえば松陰は近衛忠熙・中山忠能・徳大寺公純を推し（五・冬、「益田弾正に上る」『吉田松陰全集』五）、雲浜は青蓮院宮・近衛・中山・久我建通・万里小路正房・徳大寺・野宮定功（さだいさ）・八条隆祐・大原重徳（しげとみ）・三条実万を正論家とよび（五・七・一七、坪内孫兵衛宛雲浜書翰『梅田雲浜遺稿竝伝』）、久坂玄瑞は青蓮院宮・九条尚忠・中山・三条・八条・正親町三条実愛（さねなる）・久我・徳大寺・万里小路（九条をあげたのは奇異に思われるが、このちつづけて鷹司政通を関東方として排斥しているのをみると両者が立場をかえる前の批評であろう）をあげ（五・三・一八、松陰宛久坂書翰『久坂玄瑞遺文集』上）、有馬新七は近衛・三条・鷹司輔熙・中山・大原・久我・二条斉敬(なりたか)・阿野公誠・青蓮院宮を数えている（『都日記』上、九・八、『有馬新七先生伝記及遺稿』）。かくのごとく青蓮院宮・近衛・三条はその何れにもあげられている。

当初きわめて親幕的傾向を示していた太閤鷹司政通を自派へひき入れ一橋派に尽力させるに至ったが、それは鷹司が硬派に加担してのちのことである。これはひとつには慶永に協力して慶喜を推す一橋派諸大名が、島津と近衛、山内と三条、水戸と鷹司というように多く硬派公卿と姻戚関係にあり、左内が公卿へ接近するいとぐちをえたのも、山内容堂より三条への添書(てんしょ)をうることによって可能となったという事情もあるが、もっとも重大な理由は、朝廷の主導権をにぎる関白九条が井伊直弼＝長野主膳＝島田左近の線から紀州派に接近し、一橋派側と全く相容れなくなったため、それに対抗すべき勢力を硬派公卿の中に求めねばならなくなったことにあろう。

九条と一橋派

ところが九条は最初外交議の幕府委託に反対して朝廷の主体性をもつことを主

張したが、紀州派へ傾いてのちには外交問題についてはすべて幕府に一任するよう朝議をすすめようとする（五・三・一四、福井藩宛左内京情報告書）。

二月中旬堀田着京後における朝議では鷹司が対幕軟弱であり、これに反して九条については「世の中は欲と忠義の堺町東はあづま西は九重」と落首にうたわれた。東は鷹司、西は九条であったのである（『概観維新史』）。

左内の矛盾

このことは左内が上京にあたり条約勅許をえられるよう堀田を援助することをも目的とし、自らもすみやかなる開国の実現を希求していた限り、よろこぶべきことといわねばならぬ。したがって対外策において左内は、むしろ九条に親近性があるというべきであり、九条をたすけて攘夷派公卿の強硬論をつきくずし、条約議一任乃至は勅許の方へ持っていかねばならなかったはずである。しかしながら彼にとってさらに重大なる問題であり、開国的経綸実現の不可欠の根本前提とも考えられた慶喜（よしのぶ）立嗣の素志を成就するためには、紀州派公卿たる九条と結ぶことは到底許されない。むしろあえて硬派公卿を利用し、その中に反九条的勢力をうえつけることによって九条＝紀州派を粉砕しなければならぬ。

しかしながら彼がこの途をとる限り、彼及び一橋派ののぞむ外交議幕府一任＝条約勅許をも葬り去ることを意味し、また彼がつねに弁護しつづけ協力を惜しまなかった堀田ら勅許奏請の一行を、より窮地へ追い込むことを意味するようになり、ひいては幕府の集権々力確立を企図するそのプランに、朝廷の進出とその幕政への干渉という容易ならざる気運を招くことになるのである。

こうして左内に課せられた任務——慶喜立嗣と勅許の周旋は、ここに全く矛盾することとなってしまった。この間における彼の苦悩は、硬派公卿の一橋賛助をよろこびつつ、他面「公卿之迂遠寛漫、恃むに足ら」ず「正論（鎖攘説）実ハ迂遠也」とし、所詮長袖者流の浅見しか持ちあわさぬため、とても大事を行いうるものではないと痛烈に批判、とてもこのような朝廷乃至公卿には天下の政治は任せられない、

尊攘派志士

もし政権が朝廷に帰せば天下はたちまち夷狄に征服されるだろう、と王政復古を断然否定する言葉となってあらわれるのである（五・二・二九、江戸藩邸宛左内密書）。

次に尊攘反幕派志士の場合を考えてみよう。

上京途上、江戸ではすでに兵刃接し堀田らは戦争の達使であるとの流言が行われ、人心すこぶる動揺しているのをみた左内が、「悪むべきは書生輩頻ニ流言を触らし候塩梅」と怒り（五・二・八、中根雪江宛左内書翰）、着京後京都の情勢を間近にみて、「唯訳無く打払ト申論丈ハ防ぎ留め、第一其根元なる儒生輩尽説倒致」すべきことを中根雪江へ伝えていることに注目せねばならない（五・二・二九、書翰）。すなわち左内は幕府に不利な言動を

梅田雲浜

とる〝王室書生〟らを論破・鎮伏することを自らの責務としたのである。二月十四日、金百疋を持って梁川星巌を訪ねたと推察されるのも（『出坂諸事記』）、共闘のためでなく、説伏の一環として考えられるであろう。

〝王室書生〟は長老梁川星巌を中心に梅田雲浜・頼三樹三郎・池内陶所の四人あり、「尊攘党の四天王」といわれ、春日潜庵と通じて三条・諸公卿の間に周旋した。松陰・宮部鼎蔵・西郷ら薩・長の志士をはじめ多くこの門に出入し、朝議を聞き、諸国の形勢をたずねたといわれる（伊藤信『梁川星巌翁』）。

なお〝王室書生〟に対する左内の批判的言辞をあげると、「此地之情状（中略）兎角、万事書生輩之為に種々公武嫌疑も相生じ、却て皇国之御為筋ニも相成らざること出来申すべき哉と、深く痛心罷在り候、且処々耳目口舌饒多、針も棒になり、冥々も照々に異ならぬ勢、誠に所レ措レ手に困り切り申し候」と運動が阻害される旨語っている（五・二・一五、中根雪江宛左内書翰）。

また中根雪江も将軍を上洛させ糺問するという京都側の意あるを聞き、「右様の過論も年来皇威の衰頽を憤懣致し候京書生の議論、（中略）京書生の為に将軍も三家も上洛させらるゝも同然にて、武弁の恥辱此上無き儀と憤激に堪へず候」とのべている（五・三・一八、左内宛中根書翰）。これに反し尊攘派志士たちはペリー来航後の幕府の対外政策を「墨夷（アメリカ人）の属国と相成り申すべき勢に相見」ゆ、と論難し（五・一・九、清水図書宛松陰書翰『吉田松陰全集』九）、幕府・藩庁へ建白文をしきりに呈出、あるいは進んで上京、朝廷に接近し、鎖国攘夷の論を入説するものがあった。

しかしながら彼らは多く下士であり草莽（そうもう）の浪士にすぎず、幕政・藩政を左右するにほど遠いため、ついに朝廷の政治的地位を増大せしめることを目的とし、天皇を推戴し朝威をかることによって幕府の対外方針をあらためさせようとしたのであった。雲浜は五年二月頃青蓮院宮（しょうれんいんのみや）への意見書に、「名分相立チ候大義ヲ以テ、先一番ニ朝廷ヨリ御英断在リナサレズバ、何ヲ以カ天下之武士振発一致仕ルベキ哉（や）、（中略）方今天下之勢、一変スベキ之時ニ候」とのべ、幕命でなく勅旨によって武士が蹶起すべきことを説いている（『梅田雲浜遺稿竝伝』）。もちろんこの安政五年前半期にあっては、まだ倒幕は唱えられていない。しかしやがてはそれへ展開すべき反幕的色彩は、きわめて濃厚なものがあるということができよう。したがって硬派公卿・尊攘派志士の路線が一橋派の歩む方向と相容れぬものであったことは認められねばならない。

尊攘派の一橋派協賛の理由

それなら彼らはなぜ一橋派に協力し、成功を祈ったのか。

それには二つの理由が考えられる。まず福井藩を中心とする一橋派が、幕閣の外にあってとくにペリー来航以降しばしば対外政策の立て直しを幕府に献言してきたことにより〝有志諸侯〟としての姿を政局の上に浮き上らせ、その具体的な政見を批評論議する以前、すでに何かしら清新の気をただよわすものとしての一種の期待の念を識者層に抱かせたことがまず考えられよう。しかも慶永の場合は、彼が就封以来鋭意藩政の革新につとめ、嘉永以来軍制改革をはじめ歴史の舞台に福井藩の存在を大きく浮かび上らせたことは、〝英主〟慶永の声望を高めるもととなり、その慶永の首唱する一橋慶喜推挙というものが、局面を救う方策としてわけもなく迎えられる所以（ゆえん）になったと考えられないだろうか。たとえば左内の交友関係をみると、他藩の未知の人物を風評によって「主政ノ才アリ」とか「篤実家」などと称し漠然と敬慕するといった風潮があるが（『丁巳人物誌』）、これは右の推測を裏づけるものとなりえよう。

また尊攘志士の声望のあつまる理由に、すでにのべた一橋派と硬派公卿との連携を考えることができる。すなわち慶喜をたてるためには硬派公卿と結び紀州派たる九条に敵対せねばならず、その限りでは九条のもくろむ外交議幕府一任論を も、もともと堀田とともにそれを希望しながら心ならずも反対せざるをえないという矛盾・錯雑した一橋派の運動形体が、あたかも対外強硬派であるかのごとき様相を与えたためと考えることができよう。尊攘派にとって一橋派は正にみずからと立場を同じくして幕政の匡正（きょうせい）を迫り、幕府に対する朝廷の主体性を確立させ、強硬な対外策をうち立てるための同志としてとらえられたのであった。

したがって第二に考えられることは、尊攘派が一橋派のめざすところ―開国容認・幕権強化という基本方針をよく理解しえず、名君あるいは人傑という漠然たる見解に止まっていたからであった（五年八月水戸降勅後における政争の中で、ようやくこの誤解が尊攘派にはっきりしてくる）。

たとえば松陰は二月下旬継嗣は一橋へ決定したという風聞に接して二十八日久坂玄瑞へ書翰をよせ、「大愉快。右にて愚考するに、天朝の正論と西城の正義と合体して天下の俗説を推し崩し、神州を維持すること方今の急務」とのべ（『吉田松陰全集』九）、また在京志士団の指導者であった梅田雲浜も、将軍家定夫人より養父近衛忠煕へ宛てた書をもって入京した西郷吉兵衛に対し、近衛家の内情を知らせ、その運動を助けようとしているのである（某月二九、伊知地季靖・西郷隆盛宛雲浜書翰『梅田雲浜遺稿竝伝』）。

これはひとえに慶喜が水戸老公斉昭の子息であったということに深い関係があ

る。当時斉昭の占めた地位というものはまことに高い。維新運動史上、尊王攘夷論の果した意義の大きさは、その評価はいずれにせよ衆目のみとめるところであるが、斉昭こそは正に〝尊攘〟の生きた偶像であった。したがって慶喜立嗣がのぞまれたのは、すでに松陰が「西城相定まり候上は水老・越侯等合体の正論起り申すべく」とのべるように（五・三・二四、横井・宮部・丸山等宛松陰書翰『吉田松陰全集』九）、その父斉昭の幕政への出馬をうながす所以とみた尊攘志士たちの斉昭への期待の念が深かったためということができるであろう。たとえば松陰が五年正月斉昭の壁書に跋して、「水戸の老公は当世の泰斗にして、其の隻語も以て吾が党を矜式すべし」といっているのはその端的な表現であるが（「水戸斉昭卿の壁書に跋す」、同五）、このころ尊攘一派の斉昭尊重・推挙論は随処に指摘されるところである。彼らはその痛憤する幕府の対外軟弱策が斉昭の幕政参加によって転回し、強硬化するものとみ、それゆえに慶喜推挙に助力し、その成功を祈るのであった。慶永はこの情勢を後日、もしこのとき慶福でなく慶喜が継嗣となったなら、おそらく斉昭の威権が日に盛んになって水戸の攘夷党が蹶起し、外国人を殺傷したであろうし、これに反して慶喜は開国を主張するため、おそらく攘夷党の人望を失なったに違いない（『逸事史補』『松平春嶽全集』一）、と評している（すでに四年後半から一橋派の中心たる福井・薩摩両藩にあっては開国を唱える故にむしろ斉昭を忌避し、慶喜が父と違って対外穏和説をとり、かつ識見も高いということによって慶喜の英明さを主張し、彼をおし出すべくつとめている）。しかも尊攘派は、一橋派を忠臣なるが故に戦を主とするものと誤解してしまったのである。

松陰は『囚室臆度』に、「戦を主とする者は勅を奉じ、和を主とする者は勅に違ふ。（中略）戦を主とする者、要は皆忠臣なり。和を主とする者、要は皆邪人なり。幕府の西城は、紀伊・一橋各々入継の謀ありしが、終に紀伊に帰せり。紀伊に党する者は皆邪人なり。一橋を援くる者は皆忠臣なり」とのべている（『吉田松陰全集』五）。

このように見てくると安政四・五年における政情の展開の上で、尊攘派が一橋派と合体して反幕的団結を固めたとすることがいかに早計であるかが知られるであろう。

政見と闘争方針の相違

このような政見の相違は闘争方針の上でもいくつかの違いをひき出している。たとえば一橋派なかんずく左内が朝廷側の追及にあって事ごとにかばった堀田の動向についても、尊攘派はこれを「堀賊」とよび、「夷勢を皇張し、以て至尊を難詰す」とはげしく論難・否定し、勅許を与えぬよう公卿を動かしている（五・七・二三、福原清介を送る松陰の叙『吉田松陰全集』五）。この中心となったのは雲浜であるが、彼は二月ごろ青蓮院宮へ上書して、「速ニ打掃ヒ申ス可シトノ」命を幕府へ伝えるよう要求し（『梅田雲浜遺稿並伝』）、堀田の勅許奏請上表案に対する勅答擬案を呈し、「百応言上ニ及ビ候共」断じて勅許を与えぬようくり返し言上した（同）。

したがって彼らは一橋派のいちじるしく不満とした三月二十日の勅答を朝議凛然たるものがあるとして狂喜する。これを現実に周旋した雲浜は、「御勅答一度出テ候テ、上ハ列侯ヨリ、下ハ草野之匹夫ニ至ル迄、感激勇躍仕リ候」とよろこび（同）、松陰は「此の勅諚相貫」くことを誓い（「此の度私儀」『吉田松陰全集』五）、久坂玄瑞は外交議幕府委託に結党反対した中山忠能以下を「赤心之輩」と賞揚し（三・一八、松陰宛久坂書翰『久坂玄瑞遺文集』上）、高杉晉作は「是れ此時日本之日本たらんと欲する日」とよろこんだ（松陰宛高杉書翰『東行先生遺文』）。その外この勅諚の発令をよろこぶ尊攘志士の言葉は枚挙にいとまがない。これに反して一橋派は公卿の結党反対を古来京都の欠点であると批判的にこれを眺め、これによっての幕威の失墜をふかく憂慮するのである。

公卿の結党反対について左内は次のごとくいう。「此日（三月十九日）粟田ニての咄ニは、過日八十六人結党申立之条、官家ニてハ大喜、頗る廷議を扶持仕り候得共、此類ハ南北朝以来官家之癖、事の善悪ニ拘らず、動もすればケ様の事致し候。此誠ニ恐るべき事、政権下ニ移り、王綱振はざるも、此等より生じ候事（中略）杯の説これあり、如何ニも至当ニ存じ奉り候」（五・三・二四、中根宛左内日報書）。また堀田が公卿から軽視されていることを聞いた水野忠徳は「堀田殿の事に候へバ斯くあらんかと兼而恐懼いたし候ひしが果してケ様之次第と相成候。関東の御恥辱此上無く、扨々残念千万の事に候と涙をハラハラと落」し痛憤した（『昨夢紀事』三）。

このように考察してくれば尊攘志士たちが一橋派に協力しその成功を祈ったとは

いえ、その理念と改革の構想とにおいて左内ら一橋派とは全く立場を異にするものであることはあきらかとなるであろう。尊攘派はこの段階にあって慶喜推挙を尊攘運動達成の手段と考え、「朝旨をして沛然（はいぜん）として征夷諸藩に流通せしめ」幕府を朝廷の下に駆使せんとする意図を内含していたといえよう（五・三・下旬、「中谷賓卿を送る叙」『吉田松陰全集』五）。

もちろん彼らはまだ倒幕を唱える段階には立ち至っていないし、目下のところではそのきっかけとしてアッピールされる事件も起っていない。松陰のごときは幕政の動きにつねに批判の目を注ぎながら正面からこれと敵対する方向へはふみ切っておらず、「倒幕ではなく、現内閣打倒論をもって結論とせざるを得なかった」（鹿野政直『日本近代思想の形成』）。雲浜らはその身浪士の故に、比較的自由な立場で行動し、遠慮のない構想をえがくことができたわけであるが、幕藩体制そのものと対決しようという意志はもっていなかった。

安政元年九月二十日鹿野蹇斎宛書翰の中で雲浜は、「僕之大罪、此時に当り御免候はば、一廉之御役にも相立つべきなり」と小浜藩復帰を望む意志を伝えている（『梅田雲浜遺稿並伝』）。また文久二年尊攘志士の所司代酒井忠義襲撃計画に参画した雲浜の姪山田登美子は赤根武人から、「若狭守は朝敵にては侍れども、御身にとりては、先祖累代の主公に侍らずや。其の主公の討たるべき助し給はんは、徳義上梅田先生の御心にも侍らじ」とさとされ、断念した（「山田登美子一夕話並遺詠」同）。

ただ彼らの重大な関心となったのは、水戸学的見解の上に立って、神聖な歴史をもつ〝神州〟が夷狄に屈するか否かということであり、なしくずしに開国への道を歩まんとする幕府へのつよい不満が、いちおう封建的階層秩序意識にせきとめられて苦悩している時期であったといえよう。その堰を破ったのは井伊による専断調印に外ならなかった。ここから文久の倒幕運動への突破口がつけられていく。しかしこの点については後章にまち、再び五年三・四月における左内及びその周囲の考察へ戻ろう。

三 その結果

紀州派の活動

左内の三ヵ月に及ぶ入説運動の結果、慶喜推挙問題は成功裡にすすみ、鷹司・近衛・三条・青蓮院宮の協賛をえて三月下旬、慶喜を名指した内勅の降下されようとするまで漕ぎつけた。しかし一方長野主膳の九条を介しての運動もなかなかはげしく、帰趨は容易ならぬものがあった。

内意の伝達

三月上旬以後九条は朝廷において継嗣問題の論ぜられるに際しては、つねに紀州派に有利な方向へ衆議をひきずろうと策するのであるが、慶永の直書が到着し、朝議いよいよ一橋に決せんとするに際して〝年長〟の字を消すべく反対につとめた。三月二十四日「西城一件に付伝奏より堀田備中守への達」が伝えられたが、九条の専断により英傑・人望・年長の三要件は削除されてしまい、事実上一橋へは何らの効力も持たぬものとなってしまった。同達書には「急務多端之時節、養君御治定、西丸御守護政務御扶助に相成り候はば御にぎやかにて御宜く思召され候」とあり問題の焦点ははなはだぼやけ、一橋でも紀州でも一向にさしつかえないものになってしまっている。滋賀貞氏によるとこの内勅は九条の専断によるものであって、九条は「年長」だけは口上をもって伝えたといわれる（『景岳橋本左内』）。また『開国起原安政紀事』によると三月二十二日伝奏・議奏が堀田の旅館に来り、将軍継嗣のことは英傑・人望・年長の三件によってすみやかに決定するようにとの勅意を伝えたところ、堀田はつつしんで命をうけた。二十四日議奏は再び堀田の許に至り、継嗣のことにつき急使をもって幕府に伝うべく命じた。あたかもこのとき長野主膳の活動もまたはげしく、紀州を立てるという論もしきりに喧伝された結果、九条が勅を矯めて年長・英傑・人望の三件を除いた結果、右のような勅書になったといわれる。これに対して一橋に好意をもつ堀田は年長の二字を挿入することを乞うたので、とくに張紙をもって「年長ノ人ヲ以テ」の字が加えられたという。

しかしながら左内は滋賀氏もいわれているように（『景岳橋本左内』）、この内勅があくまで三要件そのままに伝えられたと信じていたもののごとくである。三月二十四日雪江へ宛てた三月十五日以後の日報書には、二十一日に至って紀州派の邪魔がはげしく、年長の二字も除かれそうになって大へん困った。その際必死の覚悟で激論をたたかわせた結果、無事所期のとおり果すことができ、「関東之御為、御所之御為、誠ニ有難き義ニ存じ奉り落涙仕り候」とのべている。このことは『出坂諸事記』をみればなおあきらかであろう。三月二十七日朝京都を発った左内は宇治平等院を見物してのち奈良へ向い、東大寺・春日社を歴覧して奈良に一泊。翌二十八日法隆寺を見て葛井寺に泊っている。運動の成功を信じたが故にこそ、繁忙の中にあってかかる閑日月を持ちえたのである。

江戸の情勢

ここで更に目を転じて江戸における慶永らの動きを辿ってみよう。

慶永は島津斉彬が三条及び近衛へ宛て慶喜への内勅降下を懇話した正月六日付書翰をもって二月一日松平忠固をたずね入説したところ、忠固は「殊の外大悦にて、かく迄公辺の御為を思召される御儀は如何斗りか大慶致し候との事にて、夫より段々内輪噺も」あったが、いずれ堀田が帰府の上よく相談したいというようにはなはだ都合よくはこんだ(五・二・一一、左内宛中根雪江書翰)。また三日久世広周を説いたところこれも工合がよかった(同)。さらに江戸城大奥への工作として西郷を介して島津斉善の侍女で家定生母本寿院の姉にあたる本立院を利用し、あるいは薩藩邸奥老女小の島を使っての御台所付老女幾島——家定夫人への工作につとめたのであるが、元来大奥は本寿院の勢力下にあり、また概して剛毅をもって鳴る水戸斉昭の子息たる慶喜を好まぬ風があった。家定の意向は大奥によって影響されることが多かったが、本寿院・老女歌橋らはむしろ慶福擁立に傾いたため、家定夫人・幾島らの運動も好ましい情勢への転換は期待できなかったようである(五・三・一〇、左内宛中根書翰。『維新史』二)。

三月十六日慶永はかねて提携を申し込んでいた尾張慶恕に会って、当今の形勢・京都の事情などについて話したが、「何くれの条理も定かにハ心得給はぬ有様にて御いらへのみし給ひて」「何事も茫々たるさまに見え」、また「学才ありて頗る有志の聞えあ」る側用人田宮弥太郎を呼出してみたが、「例の鄭重にて旨とある御請は果敢〱しく申」さない有様であった。この日慶永は「親藩の長斯の如し、徳川の御家岌々乎たりと殊に御長歎」している(『昨夢紀事』三)。

老中たちから間々希望的観測をもちうる言辞があったにせよ、大奥工作の失敗は大きく、協力を求めた尾州藩の動きにも殆んど期待はもてなかったのである。すなわち条約問題がクローズ＝アップされ、世上の目を京都へ吸いつけた中にあって、江戸における建嗣の周旋はほとんどみるべきものなくして過ぎていた。もちろん在京の左内からは一々京情の報告があり、それに附随して種々指示もきていたわけであるが、実際の衝にあたる左内を欠いたことは、致命的なことであったろう。

福地源一郎によると慶永のとった方法は真正面からの議論一方であり、堀田も「黄金の魔力」を大奥へ施すことをせず、左内のすすめた「苟も目的を達する為には、如何なる手段をも行ふべし、贈賄の如きは最も其手段なり」との搦め手からの攻め手を欠いたためといわれる。逆に紀州派水野忠央は〝炭屋〟の異名まで冠せられながらこれを最大限に利用したため成功したとしている(『幕末政治家』)。

在京運動中、左内の使用した金品については『出坂諸事記』によると、森寺因幡守へ二月八日七百疋・同十四日壹朱・四月一日壹両三分、伊丹蔵人へ二月十四日三百疋・三月十日二百疋、小林民部へ三月十三日五百疋・四月一日壹両三分、三国大学へ三月十三日百疋をそれぞれ贈っている。

第七 〝無勅許〟調印前後

一 井伊大老の登場

帰府
側向頭取格
勝手許御用掛

年譜によると左内は四月三日京都発同十一日江戸帰着。十八日側向頭取格(そばむきとうどりかく)となり勝手許(もと)御用掛を命ぜられ、役料百五十石を給せられた。

井伊直弼大老就任

一橋派幕吏を左遷・罷免

しかるに左内帰府後いくばくもたたぬ中、幕閣では紀州派の巨頭井伊直弼が四月二十三日付をもって大老の職につき、次第に一橋派の排撃弾圧につとめ、一橋派に加担する幕吏を或いは左遷しあるいは罷免してその志を遂げようとする。

すなわち五月六日大目付土岐頼旨が大番頭に、勘定奉行川路聖謨(としあきら)が西丸留守居に、五月二十日目付鵜殿長鋭が駿府町奉行にうつされ、また六月二十三日には堀田正睦(まさよし)・松平忠固(ただかた)両老中が罷免された。

上京以後急速に一橋派へ傾いた堀田は当然であろうが、紀州派と目された忠固が罷免されたのは、彼が幕権を張るに急でとかく諸大名を軽んずる風があり、また井伊とようやく権勢を争うに至ったためといわれている（『概観維新史』）。

慶永大老推挙の計画

ところでこの時点における井伊の登場は決定的に暗いものが予測せられた。だからこそ一橋派としては未然にこの事態をくい止める方策はたてていた。在京中の政争を通して慶喜推挙の必要にめざめた堀田は、この事態を収拾するには慶永を幕閣に迎える外ないと考え、一部有司の意見（岩瀬忠震のごときはとくにこれを唱え、堀田帰府以前の四月十四日、左内の訪問を受けた際、「其宰輔の任ハ尊労ながら太守公を措いて外にはあらず。（中略）已に傾覆せんとする徳川の御家を維持挽回為すべき大機会此策より善きはあらず」とつよく主張している（『昨夢紀事』三））にもとづいて四月二十二日家定に対し、慶永を大老に推すことを上申したが、このときすでに紀州派老中松平忠固の手がまわっており、家定の意志によって井伊を大老にするよう決定したといわれる（『徳川慶喜公伝』一）。ここにおいて一橋派は紀州派に一歩先んじられたことになってしまった。大老に就任した井伊は従来の旧例——大老は老中決定に加判するのみというを一擲して、就任当日直ちに御用部屋に入ってすべての案件を裁決し、一橋派を「隠謀方」と規定して慶福立嗣をおしすすめるのである（『維新史』二・『公用方秘録』〈『井伊大老の研究』〉）。

一橋派の反撃

かくして井伊が大老に就任するや情勢は急転し、一橋派はすこぶる苦境に立つことになった。四月二十四日付村田氏寿へ宛てた左内の書翰には、「過日来日夜接戦相止み申さず」、幕閣に対しては岩瀬忠震・永井尚志・水野忠徳を、大奥への周旋には薩藩を、外様藩については土佐山内・阿波蜂須賀を強力に説き、慶永も松平忠固・堀田正睦両老中をはじめ親藩・外様各方面へつよく働きかけ、「大概向ふ所摧破之勢」と語り、「此間中三―四日は殆人心地も仕らず（中略）一昨日来少しは喰止め候哉に思はれ候」と活動のさまを伝えている（安政五・五・二横山猶蔵宛書翰）。更に彼の帰府後なお在京運動をつづけている輩下近藤了介を督励して三条・中山・青蓮院宮等へ入説せしめ、また三国大学・小林良典・伊丹蔵人（青蓮院宮家）・森寺因幡守

（常安）・若狭守（常邦）（三条家）ら縉紳家諸大夫らと終始連絡をとり、「京師に於て御内命もあらせられ候事故、何分一橋公にこれなく候ては相成らず候処云々」と朝旨はあくまで慶喜にあることを強調しつつ（五・五・二三、近藤了介宛左内書翰）、紀州派たる関白九条を斥けて一橋派に好意を寄せる太閤鷹司に代えんとする策をめぐらし、それが成らねば近衛が万機裁決の要職につくべく入説をつづけた（五・四―五月頃、某公より京都某公への書翰案）。この間において留意すべきは岩瀬の活動であろう。岩瀬は在京中はじめて左内と相識ったのであるが、相互に深く許し合い（五・四・二四、村田氏寿宛左内書翰）、帰府後は熱心なる一橋派幕吏として大いに活躍した。彼は「薦賢之一事、何より之大緊要。此事行はれ候はゞ、車裂恨む所なし」とまで極言して（五・六・二三、左内宛岩瀬書翰）、挙大臣補佐の為には井伊と激論するも辞さなかったのである（五・四・二七、同）。

岩瀬忠震の活動

慶福に決定発表

このような左内・慶永らの必死の運動にも拘わらず、一橋派の形勢は次第に悪化し、六月二十五日井伊は遂に継嗣を慶福に決定・発表するに及び、慶永らの年来の宿願であった一橋慶喜擁立策は完全に瓦解し去ったのであった。

二　一橋派の反撃

痛撃をうけた一橋派は二つの方向から事態のたてなおしをはかろうとする。第一にあくまで初志を貫徹し慶喜を継嗣におしたてるため当面の政敵たる井伊を失脚させようとしたこと、第二に一歩しりぞいて慶福の立嗣をみとめつつ名をすてて実をとり、挙大臣輔佐という形で慶喜・慶永の幕政参与を求めようとしたことである。

この両件は別途の論として行われたのでなく、同一の目的達成のための二策として現われてくるのであるが、ともかく井伊が幕閣の権をにぎる限りこれとの拮抗はまぬかれない。井伊をどうするか、ということがこれ以後一橋派の最大の課題となってくるのである。

違勅攻撃

継嗣問題における違勅

それはまず井伊が朝旨に違反しているとする攻撃からはじまった。前言したように左内の上京周旋は慶喜を継嗣に定めよとの勅命をうることであった。しかも彼はこの勅命がそのまま下されたと信じて京を離れたのである。したがって井伊が慶福を定めたのは、この勅命にそむいたことに外ならない。ここに一橋派のいう違勅、すなわち朝廷の意志は慶喜にあるにも拘わらず紀州を立てた井伊への〃違勅〃弾劾（だんがい）闘争の火蓋が切られる。しかもそれは一般によく知られている六月十九日の日米通商条約専断調印――井伊の違勅問題として幕末史上の大問題となったあの有名な事件とは、一応別個のものとして現われていることを注意すべきである。従来安政五年における違勅といえば直ちに調印のみを連想し、したがって違勅を糺弾する闘争をすべて同質のものとみなす誤謬（ごびゅう）におちいっているのであるが、この見解は以下の考察により改められねばならないであろう。

まず当時の史料によってこの意味に使用されている例をみてみたい。

五月三日近藤了介へ宛てた左内の書翰には、「西城の事行はれず候ては万事先行せず、殊に京師に於て御内命もあらせられ候事故、何分一橋公にこれなく候ては相済まず候処」とのべ、五月五日堀田正睦は「京師へ対せられ外国条約の儀も違勅の姿なるに、西城も亦橋に帰せずして八両条の違勅、夫にてハ相済み間敷」と論じ(『昨夢紀事』四)、島津斉彬は六月九日、「条約は御取極之うへ、西(西城、即ち継嗣)は紀ニ御治定之由両違勅ニ相成り恐入り候」といい(同)、松平慶永も慶福決定をもれ聞いて五月二十九日、「若しさる事になりなば条約の事も建儲の事も両ながら違勅となり云々」とのべている(同)。また七月二日在京運動中の近藤了介が左内へ宛てた書翰には、「元来先達て関東へ仰せ進める御文中に、西城の儀は当時急務多端の折柄、征夷の輔佐とも相成るべき御仁体養君に相立てられ候様にとの勅命の処へ、南紀幼君にては所謂違勅に相当り、不惶御儀共と伺ひ奉り候」とのべたのにもあきらかにうかがわれ、六月二十四日不時登城して井伊を難詰した尾張徳川慶恕が、「西城へは御年長之御方御立なされ然るべきとの京都之思召ニこれある処、紀伊殿ニハ御幼年の事ニ付一ッ橋殿御立なされ然るべし。御同人は御年長と申し御賢明之方ニもこれあり、右を御立てなされ候ハバ朝廷にも御満悦なさるべし」といい（『公用方秘録』）、さらに七月十七日梅田雲浜が小浜藩士坪内孫兵衛へ宛てた書翰にも、「彦根侯専ら交易説に候故、勅諚に背き、一橋公を押のけ、紀公を押立て云々」と批判している（『梅田雲浜遺稿並伝』）。以上の史料に徴していわゆる違勅の意味のひとつがあきらかに慶福決定を指していることが知られるであろう。いずれも継嗣運動において一橋を擁立し、乃至は援助を与えた側からなされた発言である。

朝廷の意志が年長者すなわち慶喜にあったことについては紀州派もこれを認知していた。井伊は「備中守上京之節御内意も御座候事故」とこれをみとめ（『公用方秘録』）、慶福決定後朝廷への奏上にあたり長野主膳が、「御年長と仰せられ候廉は如何御答然るべきと」九条へたずねたところ、九条は「賢明・年長と申す事ハ太閤之計略にて、伝奏に申含め申させ候趣ハ内々承リ候へ共、夫ハ表に立つ事にてはなく候まま、唯仰せ下され候」と答えている（五・五・一四、井伊宛長野書翰）。

条約問題における違勅との連関

さてこの史料をみて気づくことは一橋派のいう〝違勅〟攻撃が六月二十五日の継嗣発表、乃至は十九日の日米通商条約調印以前から行われていることであろう。これは井伊の大老就任が一橋派にとって一大脅威であり、折角かちとった慶喜への朝旨も無に帰することが予測された結果、井伊追及のよりどころを違勅に求め、つよくアッピールする必要があったからであろう。しかもこのように井伊を攻撃するに違勅をもってする限り、前年来の天下的懸案であり、かつ朝廷側のつよい攘夷的態度の主張によって朝野の視聴を集めている条約問題が当然からんで来なければならない。一橋派が本来開国肯定の線にあり、それ故に堀田の勅許奏請にあたっても種々協力し、場合によっては京都の攘夷論圧伏の態度をもっていたことはすでに論じた。しかもそれにも拘らず当面最大の政敵を挫くためには、あらゆることに攻撃の手だてをうる必要がある。更に加えて継嗣問題と条約問題は当時密接不離の関係にあり、幕閣守旧派に対立することから一橋派は攘夷派=尊王派に近くつらなる立場にあるものとも目(もく)されていた。朝野の論は朝旨を重んじ条約調印を不可としている。しかるに幕府の両度にわたる勅許奏請は失敗に終った。一方ハリスの要求はますますはげしく、苦境に追い込まれた幕府が勅許なくして調印を断行するかも知れないということが幕閣の事情にあかるい一橋派によって推測されたのであろう。しかも継嗣運動のみとおしはすこぶるくらく、ここに現実より早く両条の違勅という言葉が出たのであると思われる。事態の表面化よりも攻撃の名目が先んじたことは、〝違勅〟に政敵追及の手段としての意義をつよく持たせたことの証左である。

こうして慶永は五月二日・六月十九日井伊と会見、継嗣に慶喜を定むべきことを主張するとともに、条約については京都の意志を尊重すべきで、かるがるしく調印すべきでないことを建言している（『昨夢紀事』四『公用方秘録』）。これは井伊がまず継嗣問題を片づけてのち条約問題にかかるという方針をもっていたのに対し、一橋派の側からは逆に条約問題を当面の重要課題として正面におし出し、井伊を牽制することによって慶福決定発表をいくぶんでもおくらせ、頽勢挽回の時をかせごうとしたのであろう。しかも幕閣の趨勢は専断調印の方向に傾いており、その最高の責任者は政敵井伊に外ならない。だが勅許は容易に得られそうもないにも拘わらず、国際情勢は早期調印を必要としている。清国においては前年来英仏連合軍が各処に清国軍を破り、この年五月には天津条約を結ぶを余儀なくされた。やがて両国は余勢を駆ってわが国に襲来するであろうという風聞が幕府にも伝わった。ハリスはこれを好機としていよいよ恐喝的に条約の早期妥結を求めるのである。

こういう情況下にあって一橋派は、早急に朝廷の許可をうることのいかに困難であるかを知りつつ、それ故にこそ勅許の必要を力説して井伊を苦境に追いつめ、むしろ井伊の専断（違勅調印）を積極的にねがい、〟違勅の逆賊〟の立場に追い込むことによって井伊を政権の座より追放することをもくろんでいたと想像される。井伊から調印に至る次第を聞いた宇津木六之丞は、「譬へ公方様へ伺済なりとて天朝の御沙汰を御待遊ばされず条約書に調印御達し遊ばされ候は全く隠謀方の術中に御落入遊ばされ候と申す者にて、御違勅と申し唱へ必ず讒奏致すべく、実に御家の御大事其の罪御前御一人ニ御引受遊ばされ候様相成るべく云々」とのべ、これこそ一橋派の思うつぼにおちいるものと憂慮している（「公用方秘録」）。

三　違勅問題と一橋派

違勅攻撃における一橋派の真意

ところで注意すべきことは一橋派によって継嗣・条約両面における井伊の違勅がはげしく追及されているものの、それは違勅なるが故にこれを否定した松陰らのごとき道義的意味においてではなく、運動のアッピール的意義にこそあったということであろう。

「勅旨を遵奉するは天下の公義なり」という松陰は（五・七・一二、前田手元に与ふる書「戊午幽室文稿」『吉田松陰全集』五）、専断調印のことを聞き「何程巧言奸弁（かんべん）ありとも、幕府違勅の罪は明々白々なる事」（五・七・一六、時義略論「同」同）と断じ、「征夷は天下の賊なり。今措（お）きて討たざれば、天下万世其れ吾れを何とか謂（い）はん」と（五・七・一三、大義を議す、「同」同）、将軍自身の罪をさえ追及している。

一橋派の専断調印肯定

むしろ一橋派としては条約問題では井伊の行為と本質的に相対立することなく、逆に井伊とほとんど同じ見解に立つものであった。このことは在京中賢明・年長の継嗣の必要を建白した一橋派老中ともいうべき堀田が継嗣・調印とも違勅ではすむまい、と井伊の責任をつきながら、六月十九日の調印可否の評定にあたっては松平忠固（ただかた）とともに、「素（もと）より御許し成さるべき御底意」をみせていること（『公用方秘録』）、更に熱心な慶喜推挙論者であり、そのためには井伊との激論をも辞せぬ岩瀬が条約無勅許断行論をとなえ、調印にあたってはむしろ井伊を督促して事に当ったという事実をあわせ考えるとき（『幕末政治家』、『幕府衰亡論』、藤井貞文「日米通商条約の調印に関する一考察」上・下・『国史学』五一・五二）、あきらかとなるであろう。

六月十八日左内宛書翰の別封に岩瀬は、「官吏調印を懇願するは幸の事也。其の願意に本づき、四十余艘之入津以前調印、尤好機会と申すべし」とのべている。左内はこのころ岩瀬と親交あつく、応接の経過を一々岩瀬から聞き、それに賛意を表していたもののようである（五・五・二八、六・二三、六・二四、左内宛岩瀬書翰）。

その他一橋派の有力メンバーたる山内容堂は四月九日、慶永との談話の中で、「京都から文句をつけさせないようにし、条約は幕府のみの権限でかたをつけ、対外問題に関し朝廷がとやかくいわぬようおさえつけてしまうべきである」といっているし（『昨夢紀事』三）、徳川斉昭でさえ、朝廷の意を安んずることができれば大政委任の立前から専決も可とみとめていることから（『徳川慶喜公伝』一）、そもそもの専断可否の問題に対する彼らの姿勢をうかがうに足ろう。

かかる立場からは井伊の処置を理論上攻撃の対象となしにくいはずである。つまり彼らは大政は幕府一任という伝統的解釈に立ち、必ずしも朝廷の許可を得なくとも場合によっては幕府のみの権限で国事を処理しうることを認めていたのである。したがって朝幕間の対立により惹起（じゃっき）される事態の紛糾を回避するため調印における勅許の必要を力説しつつ、基本的には井伊の専断に異論をさしはさむことなく、これを容認したと考えられる。それにも拘わらず彼らは表面はげしく違勅の非をならしたが、それは名分に戻（もと）る故攻撃されたのでなく、政敵打倒の手だてとして必要であった。彼らにとって無勅許調印を憤る朝廷の存在は、道義的にはさして問題とはならない。むしろ便宜として求めた慶喜への内勅が無意味となり、自派の形勢が悪化した故にこそ、井伊を違勅に名をかりて責めるのである。

違勅がもたらす幕政の危機

しかしながら井伊に対する慶永ら一橋派の違勅攻撃の真意は、継嗣運動を有利に展開させるため戦略的にのみ利用されたともいい切れないものがある。尊王の名分論に拠る尊攘派の攻撃とは別に、独自の立場から積極的に井伊の違勅の責任を追及していることを注目すべきであろう。五月二十二日幕府内において専断調印の是非がしきりに論ぜられるにあたり、慶永は斉昭に書翰を寄せ、次のごとくいう。「廟堂ニ而は是非勅許を待たず仮条約調印御執行相成るべく候。其節ニ到リ外藩抔より違勅之廉責付け候ハヾ以之外なる御大事と存じ奉り候。是を程能く鎮定し候ニは第一賢明之建儲これあり、関東之威権を厳ニし、続で京師之宿衛を壮にし、衆望を厭はせ候事等種々施設これなく候半而は叶はざる事に御坐候。此策行はれ候上にてならバ京師よりは従来大政御委任之征夷府故、或は一時之権宜を以て一々叡慮に応ぜずとも、行末之見詰ニ基き外国御処置抔これあり候而も苦しからざる義歟と愚考し奉り候。去り乍ら万々一只今之姿而已ニ而御違勅と相成候而は臣子之者痛懣無レ限ハ申すに及ばず、御同事ニ親藩ニ在り乍ら是を坐視傍観仕り候而ハ全く閣老同罪と存じ奉り候」（『昨夢紀事』四）。すなわち慶永によれば国事専決――専断調印――は幕政本来のたてまえから問題ないにせよ、現在の段階で幕府が違勅の責めを負うことは諸大名への体面をいちじるしく損ね、彼らに攻撃の絶好の名目を与え、「将軍家ニ而勅命を御違背ありてハ諸侯亦台命を遵奉すまじき」事態を招き（同）、幕府が窮地に立つことはあきらかであり、このことは藩屏の任に当るものとして憂慮に堪えないところとされ、その限りでは回避への努力が払われねばならなかった。

同様な表現としては斉昭も、「将軍家御違勅と相成候てハ諸大名、違勅将軍の御下知ハ守らず抔申す様相成候も計り難く」（五・六・二九、慶永宛斉昭内書『昨夢紀事』四）、「外様大名抔も内心ニハ公辺を如何存じ居り候哉も計り難く候へバ、御所より一寸も命下り候ハヾ徳川の天下ハ夫切と存じ候へバ我々身ニ取り候てハ日夜心配仕り候」（五・四・三、同密書『同』三）とのべ、幕府支配体制の破綻が違勅によってひき起されるという論理を表明している。

しかるに将軍の輔佐にあたる幕府の大老みずから違勅を犯し、将軍にのみ可能な直接の尊王―後述―を抛棄することは、直ちに将軍に対する諸大名の忠節・服従の義務がたち切られ、彼らに直接尊王への道を開くことを意味し、封建階層秩序の破綻を招き、やがては幕府を崩壊の危機へ追いやるのである。

しかも暗愚の将軍を擁し、幕政があげて大老に委任されている当時にあって、危険をはらむ違勅の事態はできうる限り回避されねばならないが、慶永らの宿願である英明の継嗣＝将軍をいただいてのちは、たとえ非難あるにせよ朝廷・諸大名を圧伏するに何らの不安もない、と説く。これは朝廷に対する彼らの基本的な姿勢とその置かれた政治的位置をあらわに示すものとして注目すべきであろう。

要するに井伊に対する一橋派の攻撃は、違勅調印をその本質的な糾弾の対象とせず、この点では井伊と殆んど同じ見解に立ち、そのやむをえぬことを容認した。したがって当然調印の責任の一半を担うべき堀田・岩瀬らの落度は全く云々されず、かえってその左遷・罷免が悲しまれており、朝廷の内意に背いたという慶福擁立をこそ――勅諚それ自身に道義的重さを見出さなかったにも拘らず――まさに攻撃の目標としたのである。

挙大臣輔佐論

以上のような井伊打倒策と並んでこの頃一橋派により善後策としてもくろまれたのは、挙大臣輔佐論である。すなわち慶福の継嗣に入るのを一旦認めた上、彼が幼年であることからその後見として慶喜をあげ、更にその輔佐（大老）に慶永を推し、慶喜＝慶永の線から幕政を事実上自派の手中に握ろうとしたことがそれである。一体当初から一橋派関係者の中には、慶喜を推す意志の裏には慶永をも幕閣に参加せしめようとの意があったわけであるが、事態の急変はかえってこれを促進し、表面化したものであろう。

この前後から西郷吉兵衛、及び左内を通して継嗣運動にタッチしてきた堀仲左衛門（伊地知貞馨）が、慶福（よしとみ）決定後の処置として第一に勅命をもって将軍・閣老・尾張藩へ一橋を定むべき旨達すること、第二に同じく勅命によって慶喜を後見とし慶永をその輔佐たらしめることを説いているのはこの間の事情をよく示すものであろう（五・六・二七、左内宛堀書翰）。同様な事例は岩瀬忠震（ただなり）の意見にもっともよく現われている。

岩瀬は「已に傾覆せんとする徳川の御家を維持挽回為すべき」初志（五・四・一四、左内との談話『昨夢紀事』三）をあくまで貫徹する方策として、慶福が少年であるから相談相手は欠くことのできぬものとして慶喜をおし、またこの場に及んでは慶永自身が天下の難に当ろうと決心する外ない、ということをつよく慶永に説いた（五・六・二三、慶永宛岩瀬書翰）。

しかしいずれにせよ継嗣決定発表は一橋派にとり大打撃であった。これに対抗するためには、敵の巨頭井伊への徹底的な肉迫攻撃以外にはない。六月二十四日、慶永・斉昭・慶恕らはいわゆる不時登城を行って井伊を追及する。いうところは京都の勅許が得られないにも拘わらず調印を断行した井伊の背徳を追及し、これに詰腹を切らせるといきまくのであるが、井伊・松平忠固らの巧妙な反撃にあってうやむやの中に終ってしまった（『公用方秘録』）。

このとき慶永は調印問題を中心に論難するつもりでいたが、慶恕は「空々茫々として建言の趣意たる目的な」く、斉昭も「只慶喜公を以て家定公の嗣とせんことをいふのみ。第一の開港許可を幕府にて恣にし朝廷へ奏問するの事を議せざるなり」と後日嘆いている（『逸事史補』『松平春嶽全集』一）。

一橋派大名の処分

斉昭はこのとき慶永を大老職につけるよう建言するのであるが、もちろん井伊の容れるところとならない。こえて七月五日、井伊は一橋派に対し最後の決定的な追いうちをかけ、当の慶喜はじめ斉昭・慶永ら柱石とたのむ諸大名を隠居・急度慎みの処分に附してしまった。こうして一橋派の巻き返し戦術は二つながら完全に失敗に帰し、一橋派の敗北は今や決定的になる。

四　慶永の受譴をめぐって

このような事態の展開にあたり、終始慶永の意を体して周旋に当った左内は当然この両面において活躍し、形勢の挽回に献身したであろう。しかしながらおそらく十分な具体性をもって行われるには至らなかったと思われる。というのは、主君慶永が幕譴をこうむるや彼は、その活動が主家に累を及ぼすのをおそれ、かつ幕命を遵奉すべしという主君の意を体して、これまでの周旋運動から全く手をひいたのであった。彼をしてかくなさしめたのは、宗家徳川将軍の藩屏・親藩の任にあるという意識を片時も忘れなかった藩主慶永のもっとも信頼する臣としての彼の封建的な倫理規範であったといえよう。

まず隠居・急度慎みを命ぜられた慶永の心境をみよう。七月六日慶永は自筆をもって家臣へ次のように諭告した。「今般一件に付、定て一統不服之向もこれあるべく候得共、我等儀従来丹誠相尽し候ハ、畢竟御家門之身故、只管公辺御為筋存詰候義(中略)益々御国内之御治平は申すに及ばず、公辺永久之御栄神明に誓ひ専祈致すべく存じ居り候義に候間、(中略)万一感憤ニ堪へ兼ね不平之所為等これあり候ハヾ、其心仮令忠義ニ候とも、我等存意ニ相叶ひ申さず候間、何分我等従来之趣意柄篤と相心得、公辺之御義麁略に存ずべからざる者也」(五・七・五、家士への諭告)。終始一貫幕府につくした以上はあえて厭うところでないと明言し、とくに「家門之身」の重きを説いて家臣の動揺をいましめ、家督が糸魚川（いといがわ）より入った嗣子茂昭に相違なく譲られた以上、ただ幕府永久の繁栄をのみ祈ってひたすらなる謹慎の生活に入るのである。この日慶永は左内はじめ中根雪江・平本平学・天方五郎左衛門・石原期幸ら今日まで側近にあって輔翼した五名に、それぞれ記念品を与えてこれをねぎらい、実際の政治活動から全く手をひいたのであった。

安政五年六月二十七日久世広周を訪ねた慶永

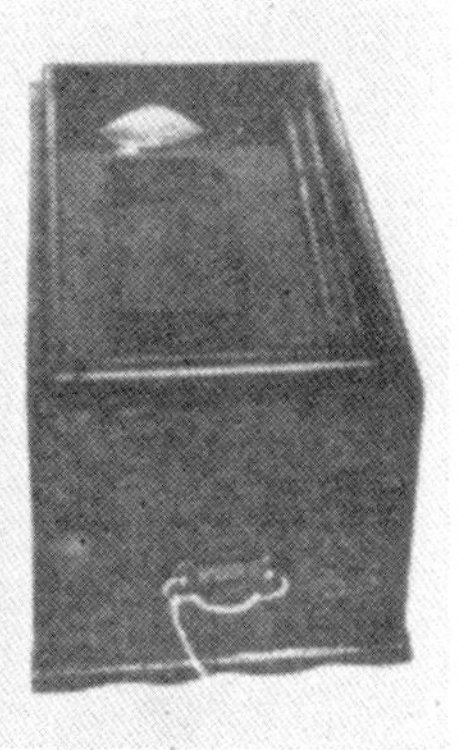

松平慶永下賜の硯筐「躍鯉」

は、「此の如く御定まりの上ハ誓て旧見を忘れ忠誠を竭し候はん事勿論に候なり」とのべ、中根雪江も今後は政治上の問題周旋はすべて他へ譲り、「御自ラハ恭黙の地に御拱手あらん事を思召定め給へり」としるしている（『昨夢紀事』四）。また安政六年十月六日（処刑の前日）左内が獄中からの密書に、「主家之義は（中略）御当代様御養君定まりなされ候前の事にて、既に御定まりの事聞きなされ候後は深く御恭順の御思召厚く在りなされ候等の義は誰知る者もこれなく云々」と主家を深くうれえていることによって十分察せられよう。

輿論

ではこれに対する輿論はどうか。福井藩外にあってはこの突然の処罰を憤る者きわめて多く、これをそのまま受取るのは「生酔につくばつたる律義ものにこれあるべく候。此まゝ止なん理これあるべからず」と処分をつき返せというような強硬論が多かったようである（七・六、横山猶蔵宛桜任蔵書翰）。

藩論

福井藩関係ではどうか。七月二十六日在福井の村田氏寿から左内に宛てた書翰をみると、慶永受譴後における藩の情勢が、

(1)　慶永の受譴をいたむ論

(2)　側近者への反感

(3)　茂昭襲爵を機に藩政の変革を企てる

という三論に分けられるとのべ、(1)は慶永に心服するものであり、(2)・(3)は近年の改革に快からざる反対派の因循論と断定している。一体天保十年慶永の就封にあたり松平主馬ら守旧派を退隠せしめ、鈴木主税・中根雪江らを帷幕において強力に新政を推進し来ったのであるが、この破綻あるに及んで守旧派の反攻があらわれたとみてよい。とくに近来慶永と一体になって継嗣運動に従事してきた中根や左内に対し、かれこれいう声も起っていることを伝えている(同)。この論は家老狛山城、家臣天方孫八・五郎左衛門父子らが中心となって主張した。その論拠は狛が慶永の雪冤のためにはまず幕府の疑いをとくことが肝要である、それには参謀の臣を除くことである、というように藩政改革過程における革新派への攻撃であったが、また氏寿・左内が批判したごとく、幕閣とくに井伊を憚っての論に外ならない（五・七・二七、左内宛長谷部書翰。八・一六、八・二七、左内宛村田書翰）。これに対し村田・長谷部・中根、四月熊本から招聘された横井小楠ら改革派はこの側近辞職論にはつよい反対をもってのぞみ、慶永の信頼をえている者はそのまま任用してさしつかえないとするのである（五・七・二六、八・一六、八・二七、左内宛村田書翰。七・二七、八・八、同中根書翰）。

これらによると慶永受譴後福井藩の主流は藩主の意を体して動揺を抑え、まず主家の安泰存続をよろこび、慶永の路線をそのまま新藩主茂昭に継承体得せしむべくその教導につとめ、藩政の整備につとむべきであるというにあった。この外出府して慶永の赦免嘆願を行いたい動き、また慶永が江戸で幽囚せられるという風聞に接し、決死の士をつのってこれを藩地に迎えるという論もなされた（五・六・二九～八・一六迄「明道館々務用書」。七・一六、七・二六、八・二七、一〇・九、一〇・一九、左内宛村田書翰。七・二七、一〇・一九、同長谷部書翰）。

五　「主家」と左内

次に左内をみよう。彼は慶永が幕譴を蒙る日、輔翼の任を果せなかった責任を痛感して中根雪江とともに自決を思った。しかしながら慶永の「愕然の余り卒爾の義これあるに於ては我を見捨て候也」との言葉に接し、ようやく思いとどまったのである（五・七・五、左内宛慶永賜書）。

自決を思う

もとより左内は主君の意に従った。七月六日彼は御用掛をも兼命されたのであるが、深く慶永の運命を悲しみ、先に輩下近藤了介を上京させ縉紳公卿へ入説、井伊糺問と一橋への勅命降下とを策していたのであるが、七月十四日了介へ書翰を送って情勢の変化を語り、運動の中止を指令した。すなわちもはや運動の甲斐もなく他への風評もいかがかと思われる、「公辺の御為には身命を惜しまず尽すべき義は兼々拙者共も心得居り候へども」このような状態であるので、自然主家

運動の中止を指令

の迷惑となっては心外至極であるから、「何分万事放擲仕るべきも又御時代に応じ候義と存」ぜられるとして、一日も早く引上げて欲しい、そうしてこの上はただ慶永の意志に従い新藩主茂昭へ忠節をつくす外ない、と意中をのべている。さらに左内は七月十五日中根雪江へ宛て、自分が今日なお勤仕するのはただ慶永の遺業が廃絶するのを恐れるからである、元来自分は卑賤の身分から登用され、知遇をえて枢機に参じ、啓沃につとめたのであるが、行き届かぬため「御忠義に過ぎ候より奸人の忌怒を御受け遊ばされ候様相運び候義、奉職不行届之段深く恐れ入り奉り候」と心事を披瀝して自己の不明を反省恐懼し、ただこの上は慶永の意に沿って自重し新政の維持につとめなかったなら、「天下ハ扨置き、当御家之御衰運」ともなろう、と主家の安泰に深い顧慮の意を表わしている。

左内の〝天下〟をおもう心——西欧列国攻侵にあい如何にして日本の独立を守り抜くかという熱情はまことに熾烈なものがあり、その方策としてとりあげられた一橋慶喜擁立運動へかけた彼の意欲は、まさにはげしいものをもっていた。この意味では彼は分権的な〝藩〟意識を遠くこえていた。けれども反面、一藩医にすぎぬ若輩の身を登用、帷幕(いばく)において愛顧した主君への忠誠――敬愛の念は抜くべからざるつよいものがある。さればこそ謹慎中の慶永をおいて彼が単身なお運動を続けることは、この上主君への嫌疑がつのることを意味し、ひいては主家の命運を暗くするものとみた故に、彼は一切の政治運動から手をひき、断念した。幕府中心の統一国家実現につよい熱情をもやし、それを主君の宗家(そうけ)たる幕府への無二の忠誠とみた左内も、そのためにこそこの幕府の処置をいかんともできぬ至上命令とみて、主家の前途の平安を思わねばならなかったのである。この幕命が政敵井伊の発したものであることとまぎれもない。しかしそれが将軍を通した公儀の令となる限り、左内にとっては理論的にも現実的にも、これに敵対しうるエネルギーは残されていなかった。

こうして彼は一切の政治活動から手をひいた。昨日までの活動を過ぎ去った夢とみた。志士としての彼の生命は今や全く終りを告げたのである。

この間においても慶永・左内ら福井藩関係者を除いた水戸を中心とする一派、乃至(ないし)は長・薩両藩をはじめ専断調印を憤る下士(かし)・浪士層は井伊排斥・慶喜推挙をめざして日下部(くさかべ)伊三次を入京させるなど朝廷・公卿への入説・周旋をつづけ、その結果八月八日伝奏より水戸藩士鵜飼吉左衛門を召し、三家・三卿・家門へ水戸斉昭より伝達あるよう命じたいわゆる水戸降勅のことがあった。これは婉曲(えんきょく)に井伊の排斥と慶喜推挙とを匂(にお)わせたものにすぎなかったが、井伊追及をめざす志士たちは狂喜してこれを迎えた。梅田雲浜はこの勅諚(ちょくじょう)に「実に古今独歩の御英断恐喜し奉り候」といい（五・八・八、坪内孫兵衛宛書翰『梅田雲浜遺稿並伝』）、松陰の門下入江杉蔵は「叡断の出づる所、独り違勅討伐の命あるのみ」と論断する（五・九・六、益田弾正宛松陰書翰別紙『吉田松陰全集』九）。在福井村田氏寿もまた降勅の意に感激、これによって「徳川氏中興之基を開」き、「公武御一致、中興の業期すべし」と断じ、これを実現するための緊急の二策、すなわち井伊を倒し慶喜をあげることこそ福井藩の果すべき任務に外ならぬとして、「此心を体せず、何の大老何の御威光、些の恐る所なかるべし。（中略）三百年来御威光に恐縮するの気習、今日始めて脱却すべきは、此般勅命に従ふて些の疑滞なきに在り」（五・八・一六、左内宛村田書翰）と切言、左内へ「此節例之通り御慎あらせられ候計りが御至当にてはこれある間敷く、能々御裁断御座候様」申し送り（五・八・一四、左内宛村田書翰）、更に九月九日長谷部甚平とともに降勅を体して行動を起すべきを力説、この期を失っては慶永雪寃の機はなくなるとして左内の蹶起をうながしている（左内宛村田・長谷部書翰）。

井伊襲撃計画

ところで『都日記』下巻には九月十七日以降薩藩士有馬新七・長州藩士山県半蔵らが会合十月朔日井伊の登城を襲う計画をたてていた旨しるされてある。

しかし左内はこれら反井伊闘争のもり上りに積極的な同意を示すことなく、事態の好転を「専祈致」すに止まり（五・八・二八、近藤了介宛左内書翰）、政争急を告げる気運からも全くおもてをそむけ、「禁固同様」なる慶永とともに「徒らに恐縮鈐黙して幕府の御大事を望観」するのみであり、村田らの指導を乞う要請に対しても積極的に示唆を与えることをしなかったのである（五・九・九、左内宛村田・長谷部書翰）。『都日記』によると有馬らの襲撃計画には左内も加担したことになっているが、この時期、すなわち七月中旬から九月中旬に至る間、左内が罹病臥床していること、左内の同僚中根雪江が水戸降勅の伝達を「幕府を措置き私ニ朝旨を奉じ候所存ハ毛頭曾てこれなき事ニ而（中略）慎中たりとも斟酌なくとの叡旨にても幕府よりの赦免これなく而ハ担当周旋など〻申す儀ハ中々以て思ひもよらざる事」と拒絶し、降勅と慶永との無関係を強調しているとき、真偽のほどはきわめて疑わしい（『再夢紀事』）。さらにまた後にのべるごとく左内が自らの捕縛を意外とし、福井藩関係者も赦免を信じていたことなどを比考すれば、彼がこれら一派のよびかけに応じて立ったとは到底考えられない。事実この頃左内が発した書翰には降勅に関し、積極的な動きを示したことは全く語られていないのである。それどころか九月二十五日萩原金兵衛に托し慶永へ言上した呈書には、最近はだんだん無実の罪に外ならぬことが分ってきたようであるが、これまでの「大御忠誠」はだれ一人として真に理解する者もない故、目下の処は十二分に謹慎の意を表している方がよい、このことに限らず万事自重することが「第一御宗家へ対せられ弥増之御忠節と存」ずる、として幕命を体してのいやましのつつしみを願っている。また「自此陪従縦酔歌」「鼓腹日吟安楽歌」なる二詩を呈して一切を断念、悠々自適の生活をすすめるのである。

安政六年四月十三日にいたり、慶永に対する幕府の態度がいくぶん和らいで来たのをよろこびつつ、なお左内は「しかしまだ御つつしみちうのことゆへ、御かちうはじめ、ばんじなをさらきをつけ候ことは、げんぢうに御ざなく候わでは、すみまうさぬこと」としている（母宛書翰）。

正統的な封建的名分論というべき紀州藩の血統尊重論をのりこえた彼も、幕府権威の重圧と宗家の命運の危険に遭遇したとき、その行動精神はかくももろく屈伏せざるをえなかった。実に左内は主家の千年を祈るが故に何はともあれ幕命を絶対とし、その宗家たる幕府への恭順を第一としたのである。それはちょうど、かつて尊攘論の泰斗として志士の師表（しひょう）と仰がれた会沢正志斎が水戸降勅後鎮派・守旧派の重鎮として辿った道と全くえらぶところがない（山口宗之「晩年の会沢正志斎」『改訂増補幕末政治思想史研究』所収）。

かくのごとく井伊の弾圧に対してひたすら謹慎沈黙し、幕命を遵奉せんとする福井藩乃至自藩に下った勅諚を伝達しえない水戸ら一橋派諸藩の態度について、尊攘派の側から「水・尾・越・土州・宇和島の事（中略）其臣下は婦人女子にても心快なる能はざるなり」（六・五・中下旬、入江杉蔵・吉田松陰往復書翰『吉田松陰全集』九）といった痛烈な批判がなされている。

こうして彼は慶永受譴後一切の政治運動から手をひいたのであったが、注目すべきはあたかもこれと時を同じくして、かつての研究三昧の生活に再び興味をもち返してくるのである（五・八・二七、村田氏寿宛左内書翰）。十月六日笠原良策へ宛てた書翰には良策の学芸進歩を賞し、最近の「開物制産之論」をたずね、自分はそれにくらべて日々の激務に追われ書物から全く遠ざかっていて慨嘆にたえない次第である、その上主君受譴一件以来重病にかかり、これまでたくわえた知識もほとんどつきてしまったが、最近ようやくひまになりわずかに史書にしたしんでいる、四年前官途についで以来政争に追われた頃を省りみると一場の夢にひとしく、学問のできなかったことを痛嘆している次第である、「尚今においても旧交御忘れなされず候ハバ、折々高諭御垂示下さるべく候」と心中を吐露した。かつての登用以前における研鑽一途の時代へのノスタルジアがあますところなくにじみ出ているのである。ひとたび現実政治のうずまきの中へ身を投ずるや読書・議論一切廃し、わずか日に数行の書をよみ、数句の詩を吟ずるのみでひたすら行動の中へ情熱を注ぎ込んだ左内が、その精魂こめた運動に敗れ、全く断念せざるをえぬ境遇に当面するや、かつての研学生活へおのずと心ひかれるに至ったのは、けだし当然であろう。洋学生左内へ思わず知らず帰りつつあった。しかも現実政治との対決に完全に敗れ去った左内にとって、もはや洋学は政治とのつながりを喪失し、逃避の手だてとなるに過ぎない。いわば左内は二十五歳にしてはやくも老年を、退隠期を迎えてしまったのである。左内はここにその志士的生命を閉じる。

第八　諦観の囚人とその死

一　捕縛をめぐって

幕府の追及

幕府権威に対するいささかの反逆の意をももたなかった左内にも、幕府の追捕の手はのびた。九月初旬在京庶士・浪士層の領袖（りょうしゅう）であった梅田雲浜を逮捕して以来、反井伊派勢力に対し徹底的な弾圧の手をひろげつつあった幕府は、一橋派が隠然幕府（井伊内閣）に対抗する勢力である限り、その中心たる松平慶永の啓沃（けいよく）者であった左内を見逃すわけはなかったのである。

捕縛

十月十九日村田氏寿は幕府の密偵が京都の藩邸に来り左内の様子を探ったことを十月六日付服部熊五郎便によって知らしているが（左内宛村田書翰）、果して十月二十二日夜江戸町奉行石谷因幡守（清穆）・同心板倉九十郎以下、組与力・同心五名、輩下五－六人の幕吏が江戸常盤橋藩邸内左内役舎に来て書類を押収し、翌日同邸内滝勘蔵方へ預けとなった。

大道寺七右衛門がまず捕吏を迎え、ついで高田孫左衛門が左内の小舎へ案内したが、このとき高田はことさらに、「緩々着替、肩衣着用」の上応接、その間にこの旨を左内へ知らせたため、「書通類心懸り之もの悉く取出」すことができた。このため「経書・蘭書其余書籍而已ニて、書付は更にこれ無」く、捕吏は「どふも余り文通類これなく不審」であるとし、左内を訊問したがうるところはなかった。なお、滝勘蔵は「左内入魂之者」であったので、左内の親戚ということにとりつくろわれた（五・一〇・二八、福井藩宛高田孫左衛門報告書）。

かくして左内は十月二十二日与力服部孫九郎・三好助右衛門掛り、同二十三日石谷因幡守掛り、十一月八日同、同十日徒目付浅岡清左衛門掛りにより町奉行所で取り調べをうけ、以後評定所において六年正月八日・二月十三日・三月四日・七月三日・九月十日と呼出しの上訊問された。この間すべて滝勘蔵預けのまま藩邸内曹舎に居住、謹慎をつづけた。十月二日最後の糺問をうけてのち小伝馬町牢舎に入獄が令せられ、捕囚後一年が過ぎようとする十月七日、二十六歳（二十五年六ヵ月）をもって刑刃に倒れたのである。

取調べの大意

現在、十月二十二・三日、十一月八・十日、六年七月三日・九月十日の分の取調応答書が残っている。これによると、まず阿部十次郎・藤森恭助・日下部伊三次・勝野豊作との交渉の程度、とくに藤森・日下部・勝野との継嗣問題についての文通の有無が再三にわたって尋ねられたが、「推切て致さざる旨申答」えた（五・一〇・二八、福井藩宛高田孫左衛門報告書。六・九・一〇（カ）、評定書取調応答書）。

日下部らとの交渉については史料的には明確にあとづけることができない。左内は四年暮はじめて会い、その後の面会は「両三度位に御座候」と答えており（五・一一・八、町奉行所に於て取調応答に関する藩目付の報告）、日下部も「橋本氏ニハ其後（三年春）両三度面会仕候迄」と申し立てた（五・一一・一〇、同）。上京周旋のことについて幕吏は、「御養君様が主で、航海術ハほんの名目であらふ」と追及したが、左内はあくまで「航海之方主意ニ御座候」とおしとおした（六・七・三、評定所にての取調応答）。しかし上京は自分の存意かという問に対しては、「主用に御座候」と明言し（五・一一・八、町奉行所に於て取調応答に関する藩目付の報告）、幕吏側からも「其許は元来主人の内意を受、周旋致し候義」と受け取られている（六・七・三、評定所にての取調応答）ことを注目しなければならない。すなわち左内は一―二のことを除いて、ほとんど事実のまま幕吏へ申立て、「成程夫ニて能相分り申候、其許の申立甚宜く候」と幕吏を感心させたほどであった（五・一一・一〇、町奉行所に於て取調応答に関する藩目付の報告）。彼は幕吏がもっとも注意した一橋推挙を依頼して内勅の降下を願った三国大学宛慶永の直書のことについても事実のままを申し立て、また森寺因幡守を介した三条実万への入説も最終的に「相違御座なく候」とすべて認定するのである（六・九・一〇（カ）、評定所に於て取調の応答書）。それは彼の任務―朝廷側の攘夷論を抑え、海防の根本たる一橋慶喜の継嗣推挙を「唯宗家之御為、天下の公論をどこ迄も通され候までの義」として理解し、またそれを主命であるとする以上、「悪事之外ハ主命なれバ辞退仕る筈ハなき様心得」るとする自負に立った彼の牢固たる封建名分論があえてそうさせたのであろう（六・七・三、評定所にての取調応答）。数回の訊問に際し、彼はつねに自らの行動が公明正大であることを幕吏へ主張してやめなかった。ついに幕吏は左内の行為が階級的秩序を破って幕府の「容易ならざる義」にかかわったことをつきつつ、なおそれを「善事」となさざるをえなかった（同）。

就縛の事情

ここでまた左内の就縛時に返ろう。注意を要するのは十月二十二日夜における左内の突然の逮捕が、藩当局及び左内自身にとっても、きわめて意外かつ心外に思われていることである。孫左衛門より藩への報告書には、「何共意外之変事臨時急速之次第、（中略）御尋之趣意柄も素より相分らず治定いたし候儀はこれなき筈、因て委細は御意を得申さず候」とあり、二十三日奉行所における滝勘蔵調判

飯泉喜内との関係

書付には、「飯泉喜内御吟味一件之もの」となっているが、この日は夕方近くなって姓名をたずねられ、飯泉喜内一件につき召し出したとのみ話があったのだが、

喜内について左内はこれまで名前を聞いたことがなく、もちろん会ったこともないため、どんな人物であるか知るはずはなく、いかにも不審千万なことである。藩関係者でも喜内を知っているものは一人もなく、奉行所の掛り与力はじめ祐筆組頭ですら左内呼出しの趣意柄をよく理解していない（五・一〇・二八、飯泉喜内一件探索の報告書）。

周囲の楽観

これによってみれば、左内逮捕の理由・糾問の条々についても藩関係者・左内ともよく納得がいっていなかったと考えられる。しかしながらそれが京都へ周旋したことにかかわるものであろうことは、ほぼ推測されたようであった。ところがこの報告書によると、この件であれば左内はじめいささかも懸念することなく、慶永の雪冤にとっても却って好都合であると報じている。したがって十一月十二日長谷部甚平が左内に宛てた書翰にも、左内の逮捕について別段憂慮することもなく、「何事も御始末能く、翌日市庁徒らに鄭重なる事而已にて相済」とのべ、堤五市郎は、「橋本氏一件未ダ何も相分り候義これなく甚だ迷惑仕り候。併し乍ら不調法之義これなき由ニ而、（中略）大概当年中ニハ御免成され候様なる風聞これあり候」と情勢を語り（五・一一・三〇、中川金之助宛書翰）、半井仲庵も、「橋本之一関係苦々敷事、（中略）尤軽易ニ而事済み相成るべしと申」し（五・一〇・二八、笠原良策宛書翰）、六年五月二十二日に至って横井小楠もまた、「橋本も都合三度御呼出しこれある迄にて何之御模様もこれなく、是は遠からず無事に相成り申すべく候」とのべているように（嘉悦市太郎宛書翰『横井小楠遺稿』）、藩関係者はいずれもきわめて楽観説を抱いていた。

このことは左内にとっても同様であった。すでにのべたごとく第一回の呼出し前、高田孫左衛門ら藩関係者と訊問に対する応答の次第を相談したとき、左内はどのようなことを聞かれるのかよくわからず（五・一〇・二八、福井藩宛高田孫左衛門報告書）、おそらく上京運動のことについてであろうと推測がついてのちも、このことなら少しも心配することなく、自分がきびしく訊問されたなら、「其が為却て御積愁をも霽れ奉るべき筋も開き申すべし云々」と村田へ申し送っているのである（五・一一・一二、左内書翰）。

以上のことから藩関係者も左内自身も問題をさして重視していなかったと考えられ、ましてや在京運動の責めをもって死刑に処せられようなどとは、夢想さえしていなかったと想像される。これは六年十月三日左内が石原甚十郎（幸期）・滝勘蔵へあてた書翰に、揚屋（あがりや）入りを命ぜられたことを「誠に以て驚惑之至、御憐察下さるべく候」と全く驚愕している旨伝えていること、またこのころ在福井の母へ宛てた書翰には何れも、取調べが大したことでないと報じていることからも推測されよう（六・三・一〇、四・二六、五・一五、七・四、七・一〇、九・一、九・二五付）。

左内の真意

朝廷の権威を擁して反幕機運をもりあげ、幕府権力に対決せんとした梅田雲浜ら王室書生、倒幕を考えなかったとはいえ、尊攘という窮極の目的のため間部詮勝要撃をもくろんだ吉田松陰ら一派とは、自ら立場を異にしているわけである。慶喜擁立のため反対党紀州＝井伊一派とはげしく対立したとはいえ、この時点において左内こそはまぎれもなく幕府権威・幕藩的秩序にもっとも忠実なる志士であった。安政六年七月三日評定所における取調べに際し、左内は「私は主人之為を致すべき筈なれば、主人は公辺之御為致すべきは勿論に御座候」と堂々所信を披瀝したのである。されば自らの行動が俯仰天地に恥ずるところのない左内は、獄中の詩作に、「苦冤洗ヒ難ク恨禁ジ難シ。俯スレバ則チ悲痛仰ゲバ則チ吟ズ。昨夜城中霜始メテ隕ツ。誰カ知ル松柏凋ムニ後ルルノ心」とうたい（原漢文）、幕府に対し一点のやましいこともなきを主張し、最後まで自らの冤なることを確信したのである。しかも注目すべきはとり調べに当った幕吏が左内の逮捕の原因となった上京運動の全貌があきらかにされ、左内もほぼそれを認めたのちにおいても、なお「右之通なれバ何も指テ悪しきト申す事ハナイ、主人之存も能分ツタ」、「其趣意ニ於てハ何も悪イ事でハナイ。（中略）又主人とても善事でも仕過ぎてハわるい。元来主人ハ公辺之御為国家之御為と存ぜられ致され候ニ相違あるまい。併し善事も過れば却て御為が害になる」とこれを認め、左内の真意が幕府扶翼にあり、決して反幕的なものでなかったことを肯定しているのである（六・七・三、評定所に於ける取調応答）。

しかしながら幕府は、左内が軽輩の身でありながら将軍継嗣推挙という重大事務にかかわり、たとえ主命とはいいながら、本来は〝分〟意識に忠実に主君をいさむべきはずのところ、それをせずしてそのまま拝命、朝廷・公卿へ入説運動したことを、「公儀を憚らざるいたし方」と断定し、死罪を申し渡したのであった。伝うるところによれば、五手奉行（寺社奉行・両町奉行・勘定奉行・大目付・目付）の評定では遠島となり、老中もみとめたのを井伊がとくに附札（つけふだ）し、罪一等を加えたという（滋賀貞『景岳橋本左内』）。井伊が左内を殺した一事をもってしても、彼が桜田門に横死すべき当然の因があるといわれたが（『幕末政治家』）、それは井伊が、この大獄の弾圧の過程で、真に自己に敵対するものは何であったかを見出しえなかったことに求められねばならない。井伊のめざすところがペリー来航以後の幕権の動揺を支え、幕府中心の支配権の永きを願うにあるなら、まさに左内の識見と構想をこそ、さらに水戸学的な尊王敬幕の論理の政策化こそが、激化せんとする尊攘運動への対応として強く求められねばならなかったであろう。しかるに井伊はひき入れるべき味方を、真向（まっこう）の敵として断罪してしまったのだ。

二　生と死

かくのごとく彼は数回の訊問をへても、自らに迫る死の影を知らなかった。許されて自由の身となることを疑わなかった。が、十月に入ってはいよいよ運命の迫ったことを知った。八月末死罪に処せられた鵜飼父子のことが彼の脳裡に暗くうつってくる。

慶永への顧慮

　しかしほぼ死を予期しても、なお恐れるのは慶永に累（るい）の及ぶことであった。十月二日最後の訊問の口書中、上京内勅降下の運動を藩主の命で行った、という個所があったのに気づき、累が慶永に及ぶかも知れぬのを憂え、石原甚十郎（幸期）へ密書を送って対策を乞うたのは処刑の前日十月六日のことであった。「右様にては全く、御先代様容易ならざる御心得違ひと相成り、御家にも拘り申すべき哉と、深く痛歎に沈み罷り在り候。右は私不行届より此の如く御調上に相定まり候事に候儀故、何卒今一度右之処申開き致し度く候。（中略）私丈は右之科に処せられ、鵜飼抔と同様に相成り候共是非なく候得共、万一主家へ又々御厳譴等御座候ては、私死後迄も瞑目仕り兼ね候間、何ぞ御工夫も御座無かるべき哉。（中略）又何ぞ私再び御呼出に相成候趣向は御座なく候や、何ぞ此等の処一寸御配慮も成し下され間敷や」。

左内はこれまで訊問に際してはつねに、慶永の真意があくまで「御根本御手厚」すなわち幕府の補強という一点にのみあったことを口をきわめて主張してきたのであったが、彼はまた自らの行動はすべて君命を奉じてのもので私意に出たのでないことをはっきりと言明してきた（五・二一・八、左内呼出及び町奉行所に於て取調応答に関する藩目付の報告。一一・一〇、同。六・七・三評定所にての取調応答。）

九・一〇(カ)、(同)。これは左内が自らの罪の軽減をはかったためとにわかに断ずることはできないが、幕吏の中では、水戸関係の藩士たちが多く藩主をかばって何事も自己一身の私意に出ずと罪をひきうけようとした態度に比べ、「越前家家来左内と申す者は極めて強情にて、自己之致業を専ら主命と相唱し、罪を主人に帰し申すべき手段なるべしとの事うハさ」がしきりに流れ、「評定所に於て甚だ悪まれ候趣」であった(六・一〇月、左内処刑前後の状況につき松平慶永の手記)。このころ彼はしきりに不眠を訴え、安眠できるよう丸・散でも丹薬でも欲しいと申し出ているのである(六・一〇・六、獄中よりの左内密書)。死の幻影が脳裡をかすめつつ彼は藩主の身につつがなきを願い、牢内同囚の者から口書が済んだ以上致し方あるまいと「皆々申し聞」かせても、何とかして口書の改定ができるようその方法を案ずるのであった(同)。

しかもその翌十月七日悶々なやむ左内に断罪の申し渡しがなされるのである。七日朝揚屋牢名主は今しもひき出されようとする左内に対し、「扨々貴様ハ若年と申し秀才惜き事と涙をぬぐひ」、「貴殿之一命ニ代リ候儀出来候事ニ候ハバ、代り度もの也」と語ったと伝えられる（六・一〇月、左内処刑前後の状況につき松平慶永の手記）。五ツ時（午前九時）、左内の駕（かご）は伝馬町獄舎から評定所へ送られた。常盤橋藩邸前通過の際、彼は駕内に平伏して永別を告げたという（同）。評定所では藩邸より附添いとしてきた留守居東郷三郎右衛門とともに平伏する左内へ、石谷因幡守（穆清）から処刑申し渡し状がよみ聞かされた。

申　渡　状

松平越前守家来
橋　本　左　内

右之もの儀近来異国船度々渡来、海防筋厚く御世話もこれあり候折柄、根本御手厚ニこれなく候而（て）ハ相成り難し。右ニ付一橋刑部卿殿を御養君ニ立てなされ候様いたし度候旨、御所向御模様等聞き繕（つくろ）ひ方、且つ右手入として上京致すべき旨、先代越前守より申付これあり候とも、右体之儀、京地江周旋いたし候は容易ならざる儀と心附き、重役江も申聞き、主家不為之儀これなき様取計らひ申すべき処、其儘承受、上京之上、鷹司殿・三条家等江立入り、頻ニ手入いたし、殊ニ鷹司殿ニ而ハ、右願筋ハ越前守直書を以て申越すべき事柄ニ候抔、同家来小林民部権大輔申聞き候をも、尤と聞受け候迚、是亦軽からざる儀を自己之勘弁を以て主家江申遣し候故、既ニ先越前守直書之内状三国大学迄差越し候を、民部権大輔より鷹司太閤江内覧に入れ候次第ニも至り候様、公儀を憚らざるいたし方、右始末不届ニ付死罪。

就斬

かくして左内は常規のごとく裃をとられ、左右の手を縛されて駕に乗せられ、四十人余付きそいふりたてられて伝馬町獄に戻り、獄舎刑場において頼三樹三郎・飯泉喜内とともに獄卒の刃に頭をはねられた。時に十月七日四ツ半時（午前十一時）。

死後の状況

同夕刻市村乙助・長谷部弘連（協）・堤五市郎らは遺骸をうるため刑吏山田浅右

衛門に依頼したが、この日は許されず、十日朝、ようやく小塚原で内々とりおさめることができた。「頭ハ生けるがごとき面色ニて実ニ寂々たる光景、尤上下（無紋）を着させ、早桶へ納メ、（中略）下帯一ツ貰ひ候趣、少々血付キこれあり」（六・一〇月、左内処刑前後の状況につき松平慶永の手記）、遺骸は小塚原回向院に埋葬し、「橋本左内墓」と題する石をたてたが、刑死者の墓をつくることは許されず幕吏から倒されたので、左内の別号を

藜園墓

景岳先生之墓

とり「藜園墓」と改めた。（こののち文久二年大獄関係者大赦ののち、墓石・遺骸ともに菩提寺たる福井善慶寺にうつされ、「景岳先生之墓」が建てられたが、「藜園墓」はのち再び回向院へ移されたという）（明治二六年癸巳十月景岳先生旧墓標 藜園墓小塚原旧葬処建立記（加藤斌））。

幽囚の日々

『獄制論』

就縛より刑死に至る一年間、左内はただ慶永の赦免にのみ心をいため、殆んど面接・文通をせず、余暇をえたのをよろこんで読書に親しんだ。吉田松陰の『留魂録』の一節によれば、左内は『資治通鑑』をよみ注をつくり、漢紀を終り、また『獄制論』をあらわしている。わが国の獄制が「悪上悪ヲ加」うるのみで、真の民生安定には何らの稗益することもないのを痛歎するのである（久坂玄瑞『俟采択録』）。体験をとおして彼の目がようやく封建社会機構の基底への批判的なものにつらならんとするとき、彼の死はその頭上に至った。

彼はまたその短い多忙な生涯の最後の余暇をもっぱら詩作・臨帖に専念し、今日『景岳詩文集』として残されているものの大部分をつくり上げ、また当初の好伴侶（はんりょ）であり、しばらく中断していた蘭書の研究にも意を用いた。かつては事ごとに論を交わし、ともに事に当つた中根雪江に対しても政治向に関する文通を一切とりやめ、蘭書買入れのこと、新得の航海書などについての問合せなどをするのみであった（六・一・一三、一・一五、三・二、三・三〇、中根宛左内書翰）。「三間舎幽囚之身も万里の雲天を飄駛する心地仕り候。其他測量書の箇にして明なる者これあり、他年之渇望頓（とみ）に慰め候心地快々に堪へ申さず候」とのべるように、研鑽の日常を自ら楽しんだのである（六・一・一五、中根宛左内書翰）。かつての情熱にみちた志士左内の面影は、もはやどこにもみられない。

第九　変革の論理

一　これまでの左内観

王政復古史観からの見方

前途有為な二十六歳の若い生命を安政大獄の弾圧の嵐の中で、雲浜や松陰あるいは水戸藩関係の〝志士〟たちとともに散らした左内の生涯は、それ自身きわめて劇的である。王政復古史観に立つひとびとはそこに幕府権力と対決した尊王の志士左内の姿を見出したのである。例えば滋賀貞氏の著『景岳橋本左内』の推奨文には、「まことに先生が烈々の意気と高邁なる見識を以て勤王の大旗の下に幕府と戦ひつゝ縦横に活躍奮闘云々」といった表現がとられている（『伝記』三ノ一〇所収）。

この立場に立つものはもちろん戦前の著述にかかるものである。左内を松陰とともに幕末維新、乃至は国史を通じての不世出の英傑とし〝日本精神〟の顕現におけるもっとも偉大なる指導者と讃美した平泉澄氏（『国史学の骨髄』『武士道の復活』）をはじめ、玉川治三氏『尊攘論』、滋賀貞氏『景岳橋本左内』、大久保竜氏『橋本左内研究』、西村文則氏『橋本左内』は、多かれ少なかれかかる左内観に立っている。また戦後においてもなお「左内が勅諚を至誠尊奉したこと、京都への感激に燃えたこと、更に皇威が国内外に輝くのを念願したことを自ら語」り、「左内の人物を誤って幕藩主義者と断じ」、「尊王心の欠けた徳川の忠臣扱をされたのでは左内の真面目は見失われる」といった見解（水江新三「所謂一橋派の性格について」『日本歴史』六五）も一部には行われている。

戦後の左内観

このような見解が克服されるべきものであることについてはこれまでの考察によってもはや明らかであろう。しかし一方戦後における新しい左内像として、彼を絶対主義形成の系譜において明六社一派に対する先覚者的意義を担うとし（奈良本辰也『近世封建社会史論』）、外国貿易による致富を説く重商主義的経済論を表明したことから、「開明的思想家として当時の日本にたぐいまれな一人」と規定し（信夫清三郎『マニュファクチュア論』）、近代日本成立への先覚者的ェネルギーを左内の中にみとめようとする見方が示されはじめている。

しかしながらわれわれは、かかる評価をただちに下すことをさしひかえ、まずもう一度彼の意図するところ、その思想をじっくり掘り下げ、同時代の政治論・思想の動向の中で彼の占める地位をたしかめ、その歴史的意義をふり返らねばならない。

二　左内と尊王論

尊王思想の問題

通念としての尊王

まず左内における尊王思想の問題について考えたい。周知のごとく幕末にあっては尊王心を持つこと、あるいは尊王的であることは、もはやとりたてて強調する必要のない世上一般の常識と化しており、いかなる立場にあるものも多かれ少なかれ自覚し、何らかの顧慮を払うところであった。幕政の枢機にあるものにと

尊王派・佐幕派の差

ってもそれは例外でない。たとえば最近まで違勅の逆賊と指弾（しだん）された井伊直弼にしても、京都守護にあたっては朝廷警衛に心を配り、孝明天皇に剣・書物を献ずるなどのことを行っており（中村勝麻呂『井伊大老と開港』）、調印是非の評議にあたっても、「天朝へ御伺済ニ相成らざる内ハ如何程御迷惑ニ相成候とも仮条約調印ハ相成り難き旨」を主張、万やむをえぬ場合は致し方なしとする彼に対し、側用人宇津木六之丞が、「平常天朝を御尊敬遊ばされ候御前にて、京都の御沙汰を御待なされず右様御達し遊ばされ候ハ如何之御次第に御座候哉（や）」とせまったこと（『公用方秘録』）によっても推察されよう。ところが尊王が内的な個人倫理の段階をこえ、現実の政治の場において開国・攘夷の問題にからみ浮かび上ってくるとき、尊王派・佐幕派というような立場の差が生まれてくる。和親条約を契機として幕府が開国容認へふみ切り、通商へのコースがはっきり示されるにつれ、いわゆる尊王派にあっては古い伝統と神秘的な権威をになう天皇・朝廷が〃神州〃の体面を損（そこな）う因循（いんじゅん）なるものとしての幕府と対置され、やがては当時の政治権力者たる幕府に対抗しうる高次の権威者としての存在の意義がよび起されてくるのである。

神秘的な熱情の欠如

しかし左内には天皇に対する神秘的感激はどこにもない。〝勅諚〟〝叡慮〟というもののもつ政治的重みを十分知り、最大限に利用する彼であるが、松陰や雲浜らのごとく、天皇の意志なるがゆえにこれを奉ずるというような熱情的帰依の態度はどこにもみられない。彼は天皇居住の地たる京都を、「俗地にて猥雑に堪兼候」と酷評してはばからないのである（安政五・二・二六、川路聖謨宛左内書翰）。

尊王は常識的

もちろん左内が積極的に反尊王を説いたというわけではない。三条実万に入説した左内は日本の尊厳性を、天皇が「日神の嗣」で臣子は諸神の胤であり、政令・法度が寛大厳粛にして土地の膏腴、物産の饒多なることに求め、すべて天恩に由来するところである、という論をのべているし（五・二・中旬、三条実万宛左内呈書控）、また「上古神聖ののち「列聖明を継ぐ」限り、「皇化遍敷、黎庶時雍、四夷賓服」するであろ

大名の京都手入れを攻撃

うというごとき（『明道館之記』）、神州意識と尊王思想とを表明している。もちろんこれは多分に外交的修辞の施された言葉であったろうが、その他いくつかの事例によっても左内が、幕末では常識でさえあったこのていどの論理をともかくも持っていたであろうことは疑いを容れない。

ところでこのような尊王の心情は左内にとっては事新しく強調すべき筋合いのものでなかった。「天朝を崇め奉るべき義ハ天下一統之義」と彼はきわめてあっさり片附けるのである（五・三・一四、福井藩宛左内京情報告書）。逆に「三百年太平にて列藩無難に暮し居り候は、（中略）東照公の力も亦少なからざる様に存じ奉り候」という認識に立つ（五・二・中旬、三条実万宛左内呈書控）彼は幕臣であり、幕命を奉ずべきはずの諸大名が手づるをたどってひそかに朝廷へ接近し、朝廷尊崇のこと、あるいは幕府の隠事など種々内訴するのを「売忠献佞之手段」と断じ（五・三・一四、福井藩宛左内京情報告書）、「実に悪むべきの至と」きめつけ（五・二・中旬、三条実万宛左内呈書控）、大名たるものはまず武家の最高統率者である幕府にこそ

公卿の対幕府主体性を要求

第一義の忠節をつくすべきことを強調した。武家がことさら朝廷へとり入るのは「忠に似て真忠に非ず」、南北朝時代再現の危険があるとする彼は（五・三・一四、福井藩宛左内京情報告書）、朝廷へは一片の諛諂も献ずることなく、ひたすら幕府に対し天下の大計長策を吐露陳述する慶永の行き方を誇りをさえもって語り（五・二・中旬、三条実万宛左内呈書控）、また自派に属する山内容堂に朝廷入説の噂があったのを探索した結果、「土州ハ流石英邁丈これあり、少しも悪事内通これなく、却て関東之御為思召され候塩梅と申し居り候。これにより大に安心仕り候」と喜悦するのである（五・三・一四、福井藩宛左内京情報告書）。したがって武家の本筋から逸脱しいわゆる〝京都手入れ〟を行う若干の大名の存在は、「上は皇朝に対し奉り次は徳川家へ対せられ実に不忠・不義の事共と微臣に於ても憤激」に値する背徳行為とみなされたのである（五・二・中旬、三条実万宛左内呈書控）。

これとともに同様な論理は公家側に対しても要求される。九条尚忠の親幕的態度を難じて、「皇朝之御為よりは却て幕府諸有志に御諛ひ成され候と申事、高貴之御人には御不似合の最上と存じ奉り候」とのべ（五・四―五月頃、某公より京都某公への書翰案）、天皇の側近に侍する関白・諸公卿こそ朝廷を第一義とし、天皇へ直接の忠節を捧げるべきであり、まさにそれ故に幕府に対する主体性を厳然と保つべきであると主張する。すなわち左内にとって朝廷と幕府とは現実政治機構から考えれば、相互に全く独立した機関であった。しかも彼は自らを公家＝朝臣に対する武家＝幕臣と規定したのである。そして朝臣である公卿と幕臣である諸大名・藩士は決して相互に他の直率者、すなわち朝廷・幕府へ阿諛・内通し合ってはならぬというのであった。もとより左内は朝廷への恭順、基本的な忠節の念を否定するものではないが、それは決して直接的なものであってはならず、「私ハ主人之為を致すべき筈なれば、主人ハ公辺之御為致すべきは勿論」という論理にしたがい（六・七・三、評定所に於ける取調応答）、まず藩主へ、さらに幕府への忠節こそが武家の第一義的なものとされたのである。その左内に、武家が旧態依然たる朝廷・公卿にひきまわされる有様では「天下之治乱安危」も覚束ない、「嘸東照公ニは此節御子孫様の御事ニて神慮悩ましなさるべく察上げ奉り候」との言あるは当然であろう（五・二・二九、中根雪江宛左内密書）。

水戸学派の尊王の論理

尊王精神を高くかかげつつも、いかなる身分のものも自由に尊王することを許さず、将軍・大名・藩士・庶民の各階層に応じた尊王の封建的秩序を要求したのは後期水戸学であり、東湖の『弘道館記述義』に典型的な型で示されている。この解釈にしたがえば、直接の尊王は封建ヒエラルヒーの頂点にある将軍にのみ許されるのであり、大名以下にあってはその直属支配者への忠節がそのまま尊王につらなるものであって、逆に彼らが直接に王事につとめることは、「分を犯し等を踰ゆるの甚だしき者、適ま以て僭乱の罪を取るに足る」と規定されたのであるが（同）、それと同じ封建名分論の正統論理は左内の意識をもつらぬいていたのであった。

尊王の論理的矛盾

さらにまた彼の常識論としての尊王思想にも理論的には多分に矛盾が内含され

ている。というのは、およそ尊王という限りその最大の眼目たるべき〝叡慮〟尊奉の立場を彼が必ずしもとっていないことである。彼にとって天皇の意志は〝神の意旨〟としての犯すべからざる絶対性を与えられていないのである。彼は現状にそぐわぬ攘夷論を固執する朝廷にするどい批判の目を向け、公卿たちに対しときには威嚇的言辞を弄しても開国のやむをえぬこと、条約勅許の必要なことを説いた。そうして勅許を与えようとせぬ朝廷の態度を難じ、「朝廷之御政度ハ全然旧套のミニて、一トして旧簿ニなき事行ふべき勢御座なく候。迚も政権此ニ帰し候ハバ、天下ハ忽ち夷狄之為、侵漁致さるべく存じ奉り候」とのべ、外圧より国土を守るべく朝廷が無力の故に王政復古を否定するのであるが（五・二・二九、中根宛左内密書）、なおこの見解はすすんで天皇と国家についての二元論的解釈の表明に至るのであり、天皇個人の上にさえ追及の舌鋒をゆるめないのである。彼は朝廷側が条約勅許の奏請に対して容易に返答を与えず、今一度諸大名の所存を問わしめようとしたこ

王政復古否定

天皇個人をも追及

天皇より天下を重しとする

とに対し、「恐れ乍ら主上・公卿ニも今日之如く優悠不決ニてハ神州之沈淪益甚、結局因循ト申条、（中略）右戦和之二字、廷議ハ何ニ向候哉、尊慮ハ如何御座候哉、列侯之赤心、天聴に達し候ハば、天下無事ニ治り候御見込に御座候哉」、「天慮曖昧ニて亡国之災惹出候はゞ、此拠無き義ニて、臣子憤りを包むケ所も御座候へ共云々」と三条実万を追及した（五・三・一四、福井藩宛左内書翰）。すなわち彼は天皇が不敏であり海外情勢の切迫を知らず攘夷を固執すれば、〝神州〟の沈滞と破滅を招くと考えた。いいかえると神州の尊厳が天皇の神聖に顕現されるのでなく、天皇＝神州でなく、天皇は〝神州〟の安全のため当然それに従属すべきであり、天皇の意志は国土の安全という至上目的には規制されざるをえないという見解をはっきり示している。彼にとっては〝天下〟が無事に保たれることが天皇より更に高い価値あるものとして求められているのである。したがって彼は国土の安全を願う限り、たとえ「叡慮は初より通商御好み遊ばされず候事御堅確」ということを知りつつ（五・二・中旬、三条実万宛左内呈書控）、それが犯すべからざる絶対のものとみることは許されず、逆にむしろ〝天下〟のためこの天皇＝朝廷に迫り通商条約勅許を強要せねばならなかった。彼にとって〝国体〟は国俗から道にまで高められた道義的人倫国家（下程勇吉『吉田松陰』）としてではなく、現実の国土と解されている（四・一・三、松田東吉郎宛左内書翰）。したがって〝国体〟の護持は天皇の意志の絶対随順という至上格率によっては支えられていない。しかもその国体は「旧弊一洗して、国体は益尊厳を極るに到候ては、第一将軍家自ら万機を躬し、源頭の活水滾々汨々流出来らずして、何ぞ諸有司切の力に相叶申すべき哉」とのべるように（五・一・一四、川路聖謨初対面応答書）、将軍の親政こそが国体尊厳をきわめる所以であると解された。

かくして左内の尊王論は、いわゆる神州観念によって裏打ちされた天皇の伝統的・神秘的尊厳性への絶対観に求めた尊王の一般的論理にくらべ、はるかにかけ離れたものがあることが明らかとなったのである。

尊攘派の国体観

それでは彼とほぼ同時代に生きたいわゆる尊攘派志士における国体観乃至尊王論の主張と論理をかえりみてみよう。彼らは継嗣運動に活動した左内らとちがい、強力な藩乃至藩主のバックを持たなかったが、ペリー来航後の幕府の対外方針に批判の目を向け、自らの政策を幕政に反映することが不可能であるため朝廷に接近して主戦攘夷の論を入説し、天皇を擁した国家防備体制の樹立をはかったのである。しかも注意すべきことは、このような彼らの対外強硬の非現実的・観念的な国防論が、反面いちじるしく道徳理念的色彩を帯びていることであろう。彼らは「仮令全勝之御見込これなく候とも成敗ハ天ニ御任せ遊ばされ、国家之大義ニ於而是非々々御打払遊ばされ候外これなき筈」（大橋訥菴「安政上書」『大橋訥菴先生全集』上）、というような過激の論を闘わすのであるが、それは国土防衛の現実的対策としてのみ主張されたのでなく、まさに同時に理念的・超現実的な国体論とつねに相即的に説かれることによってのみ成立しうるのである。かくして「御国体ヲ瀆シ候テハ、既ニ早滅亡も同前之事」であるゆえ（『梅田雲浜遺稿竝伝』）、「たとへ防禦之備手薄ニ而勝利覚束無く候共、大義ニ対し力限り戦闘致すべき事ニ而、大義さへ欠き申さず候得バ、家国滅亡ニ及び候共身ハ粉ニ砕け候共、臆病・卑劫ニ而生存致し候よりハ忠孝之道理ニ於而遺恨もこれある間敷」とのべ（「安政上書」）、すでに「大義」のあるところにより天皇みずから攘夷の断を下した以上勝敗に頓着なく事にあたるべきで、「元来国家之栄辱は勝敗にあらず、国体之立と立たずとにこれあるべく候」と説く（真木和泉「天闕へ上奏」『真木和泉守遺文』）。すたわち尊攘派にとって国防論は外圧への対応としての現実的政策論にとどまることなく、かえって観念的・倫理的な国体護持論にまで高められた。そうしてその国体が立つか立たぬか、ということは松陰が「勅旨を遵奉するは天下の公議なり」といい（「前田手元に与ふる書」『吉田松陰全集』五）、「凡そ臣子たる者之れが承順を為すこと能はずんば、其れ之れを何とか謂はん」（「対策一道」同）といい切っているように、天皇の意志＝勅諚をひたすら遵守することによって決せられるのである。すでにあきらかにされているように、松陰は国禁を犯してまで海外渡航を企てたほどであり、頑迷固陋の鎖国主義者ではなかった。また「列藩ト心ヲ協ヘ、幕府ヲ尊崇シ、上ハ天朝ニ奉事シ、下ハ封疆ヲ守リ、内ハ万民ヲ愛養シ、外ハ夷狄ヲ感服セシメバ其偉功盛烈孰カ是ニ如ンヤ」とのべるように（「講孟余話」七、同三）、必ずしも尖鋭の討幕的行動家ではなかった。しかるに幕府が「天勅を奉ぜず」通商条約に調印するや、「諸大義ニ準ジ、討滅誅戮」することを断じている（「議大義」同五）。要するに彼は「天日の嗣」としての天皇の意志に決定的なものを求めようとしたのであり、このことはたとえ将軍が違勅の罪を犯しても天皇の命によって将軍がその職にあり、いまだ討幕の勅命がない以上、私意に任せて幕府を討つことは許されぬと主張している（「講孟余話」八、同三）ことからも推察されよう。いうまでもなくこの勅諚尊重論には、「本邦の帝王或は桀・紂の虐あらんとも、億兆の民は唯だ当に首領を並列して闕に伏し、号哭して仰いで天子の感悟を祈るべきのみ、不幸にして天子震怒し、尽く億兆を誅したまはば、四海の余民、復た孑遺あるなく、而して後神州亡ぶ」といった天皇絶対観がその根底をなしているのである（「天下は一人の天下に非ざるの説」同四）。

かくして松陰ら尊攘派志士にあっては現実国土の防衛が観念的な人倫国家の護持に通じ、この国家は国土の興亡を度外視して天皇の意志に絶対に従うという至上格率によって支えられ、これこそが最高究極の道義として求められた。この見解にしたがえば〝神州〟の尊厳は天皇の絶対性に求められ、勅諚は唯一無二の価値あるものでなければならなかった。現実における尊王と歴史意識としての神州思想は国土の防衛を通し完全に合致したのである。もちろんこのような論議はいたずらに観念的であり、無責任な立論にすぎぬことはいうまでもない。しかし少なくとも尊王の論理においては矛盾はなかった。

これに反して左内は必ずしも天皇の意志を神の権威をになう至上絶対のものと受けとらず、それを制約するものとして国土の永久安全をかかげ、勅旨の改変をすら要求したのであった。それは彼の天皇に対する神秘的熱情の欠如と、京都的権威の拘束からきわめて自由であったことをはっきり示している。

このころの志士たちの理念の中核となり行動の規範ともなった尊王に対し、彼がかくのごとき態度をもって一貫したということは、一般に尊攘派における天皇への憧憬が、同時に運動の目標が「奈良已前の盛代に挽回」（文久三、坂木六郎藤次郎宛真木和泉書翰『真木和泉守遺文』）という復古形式をとったことから前向きの姿勢に立ちえず、かえってつよい封建反動性を示し、近代国家形成への道を見失いがちであった当時、注目すべき独自の意義をもつといわねばならない。違勅を単純に憤る公式的名分論にわずらわされなかったため彼は冷静に現実をみつめ、外圧の全日本的危機を敏感に感じとり、幕府的規模における統一国家の樹立にそれをはね返すべき方策を求めたのである。

三　開国論・実学思想・功利主義

次に彼の政策論の中で重要な部面を占めた開国論、及びその基調をなす実学思想・功利主義的思考をかえりみたい。しかしすでにこの点については第五章でのべたところであるのでくり返すことを避けるが、要するに彼の開国論が現状——海外情勢への知識・国内体制の未整備という現実の直視にもとづき、旧来の鎖国・攘夷をもってしてはわが国の存立を保ちえないとすることから出発しているのはあきらかであろう。米艦の来航、和親条約から米使の江戸城登城という一連の過程を彼は「全く時勢の推移已(やむ)を得なさぎれる御事柄」とみた（安政四・九・六、松平慶永外四大名建白書原案稿〈左内〉）。したがってそれはいたずらなる観念的論議でなく、当初からあくまで現実に根ざした政策論としてあらわれてくる。

彼が固陋(ころう)なる攘夷論に対し戦闘的態度をとるのはいうまでもないが、幕府当局者がとった単なる避戦策や、定見のないなしくずし的な日和見(ひよりみ)開国をもまたつよく批判した。すなわち当面の対外危機を和親通商によってそらすという受身の対応にとどまることなく、むしろ進んで我より国を開いて世界各国と有無相通じ、表面の和親にかかわりなく戦闘必至の覚悟を固め、危急にそなえて洋式兵制を採用、弱小諸国を攻略兼併し、ついには現在侵攻しつつある西洋諸国の上に立って逆にこれを支配しようとする意図をみせ、親露・米及び抗英の対外政策が唱えられたのである。そうして国内生産を高め、製品を広く海外諸国へ売捌いて民を富まし、国家的致富(ちふ)をはかるため外国貿易の必要が力説された（「外国貿易説」「制産に関する建議手書」）。

かくして左内の開国論が当時一般にみられたところの、一旦開国のやむをえないことを認めつつ、なお防備体制確立後に鎖国復帰を願う立場とは全く異なる前向きの姿勢を示すものであることはあきらかである。明治に至るまで〝邪教〟の烙印をおされ〝国禁〟であったキリスト教に対し、彼が一方的な拒絶の態度をもたなかったこと、ハリスの単身来日に感服し、いたずらに彼を夷狄視する者こそ「迂人・俗客」と評し、部分的には通念の外人夷狄観を揚棄した態度をみせたことは、少なくとも当時としては彼の意識がもっとも先進的であることを示し、その開国論が西洋近代文明に対するいちおうの理解に支えられてのものであった、ということができよう。そして彼は封建的名分論のタブーともいうべき「公儀を憚らざるいたし方」に規制されることなく、将軍継嗣運動に身を投ずることができ、「畢竟日本国中を一家と見」る論理にしたがい、構想をくみ立てることが可能となった（安政四・一一・二八、村田氏寿宛左内書翰）。もちろん彼はその死の瞬間が訪れるまで藩主の意志をのりこえることなく、藩士としての行動・思考の限界をこえることがなかったが、その脳裡には、もはや国民国家のまぼろしがかすかに萌していたのである。

　ここでわれわれは尊攘派における国防論の論理をかえりみよう。彼らは〝神州〟の尊厳を高くかかげるゆえに、それを〝夷狄〟のじゅうりんより防ぐべく攘夷の必要を痛論した。攘夷によってこそ国土の防衛は可能であると信じた。その限りでは尊攘思想は幕末日本における民族防衛意識の素朴な前期的表現であるということができよう。しかしながら尊攘派が現状認識において三韓を討ち任那(みまな)府を建て渤海の不貢を責める、といった海外の情勢からほど遠い時代ばなれのしたまずしい知識を部分的に内含していたこと(平野国臣「尊攘英断録」『平野国臣伝記及遺稿』)、外圧の危機への対応がなまなましい現実の具体的施策を示すというよりも、観念的論議に終始し、夷狄に対して君臣・父子の節義を再確認するといういわゆる華夷の弁のくりかえしに止まったこと(吉田松陰「講孟余話」『吉田松陰全集』三)、〝神州〟の危機をいいつつ階級を揚棄して全日本をそれに対して組織するということはほとんど問題にされず、しょせん危機は支配者側よりする現体制のそれであり、民衆は夷狄の謀略にたやすく惑わされる愚民としてしか把握されなかったこと(大橋訥菴「政権恢復秘策」『大橋訥菴先生全集』上、その他)、西洋近代文明に対してほとんど盲目であり、「聖人之道」に害あるのみでなく「蛮器一切御用ひこれなき」ことをいい（真木和泉「五事建策」『真木和泉守遺文』その他）、技術学としての受容さえ拒否するほどの閉鎖意識をもっていたこと、などの諸点を根強く残していたことは、かえって彼らの素朴な国民的危機感を喪失させて露骨な封建反動性をつよめ、その目標が近代国家の樹立という前向きの路線へ注がれることを自ら拒否すべく結果した。左内が尊攘論イデオロギーに束縛されなかったことは、この意味における反近代的傾向におちいる危険から解放されたことを意味するであろう。

かくのごとき彼の進歩的傾向を支えるものとして、次にわれわれは彼に実学思想、乃至功利主義思考の萌芽がみられることに注意しなければならない。

彼は明道館の改革において文武不岐・政教一致の学風をおこすことにつとめ、流行の崎門学を「空理ヲ談ジテ世道ニ益ナシ」とみて、その非現実的傾向を一掃することに力をつくし、洋書習学所や算科局を設立するにあたっても、それらは「畢竟実功実益を志し候より之事にて決て事を好み名を求むる之為ニハ候ハず」と明言するとともに「己れの為め之学よりして経済有用を致」すことを求めることを説き（安政三・四・一〇、笠原良策・大岩主一宛左内書翰）「何分義理之学明ニして而後経済有用之学起るべく、経済有用之学起り而後義理之学始て世ニ行ふべし」とのべ（安政四・九・二二、村田宛左内書翰）、学問を単なる観念の論議にとじこめることを拒否し学問の実用性を強調した。したがっていたずらに技芸を卑視するのは蒙昧の言であり、聖人の道というものも「人倫日用の外にはこれ無」いのであって、物の中にこそ理があり道があると説く（「学制に関する意見箚子」）。また聖賢とよばれる人も実際の技芸の中に理の存することを見出す多能の人が求められ、「衆芸の要一致に湊会する処に覚へこれある人を考へられ申」すというのである（同）。

かくのごとく彼が学問知識をもって実際事務の手段とみ、天地間の理は「周流活動至大至広之物」であり、「一人一心之区々ニて死縛致すべき者ニてこれ無」いことを説き（四・五・二一、村田宛左内書翰）、実践を重んじ天下の政治に資するものをこそ聖人の真の学問であるとするとき、この左内の理論には、多分に古学派の見解に通ずるものを感ずるであろう。

しかしながら左内は思考においても事実においても古学派的思惟の影響をうけたとはいい難い。七歳にして漢学を学んだ高野真斎も十五歳で師事した吉田東篁も、いずれもあきらかに朱子学者であった。二十一歳のとき教えをうけた塩谷宕陰は経を修むるに必ずしも朱子学を墨守しなかったが、むしろ日本の欧陽修に比せられたほどの文人であり(『大日本人名辞書』)、しかも宕陰については書物を借覧、墓制及び学校制度の調査について教示をうけるにとどまったのである(『安政丙辰日記』)。周知のごとく古学派にあっては荻生徂徠がいうように道は聖人の作為したものであり、決して天地自然のものではなかったが、左内は堯・舜・禹三代の治について、「此三者之変ハ世代の推移、時勢の変革、不レ知不レ覚右の如く推移り候者にて、既に推移り候上ニては聖人も如何とも成され難き御事に候」とのべ(三・四・二六、中根雪江宛左内書翰)、道

朱子学的論理

の聖人作為説を全く否定した。また徂徠が気質不変を主張し人間性の自然を伸ばすことに主眼をおいたのに反し、左内は「蓋シ道ハ、人性固有ニシテ外ニ求ムヲ待タズト雖モ、其レ生知ノ資ニ非ザルヨリ、苟モ学ンデ之ヲ明ラカニセザレバ、則チ気稟拘ハル所、物欲敝ハントシ、夫レ行ニ当ル之理ニ由ルコト能ハズ」というように（『明道館之記』）、人性固有の理が気稟物欲によって敝われるゆえ、学んでこれをあきらかにせねばならぬとして気質不変説に反対の態度をとり、人間性の無制限の伸張を阻止しているのをみれば、左内が古学派的思考の影響をうけたとはいい難い。むしろ『明道館之記』に示されるごとく、左内はあきらかに朱子学の論理を奉ずるにあったことはまぎれもない。

しかしながら滋賀氏もいっているごとく、左内の儒学の識見・素養がさして深いものではなかった以上、その思想に学理的なものを求めるのはおよそ無意味なことであろう。結局かかる左内の主張は、多難の現実に直面し、その中から反射的にひき出された行動の論理に外ならないのである。

かくして左内の生きる世界は思弁的・観念的な世界でなく、なまなましい現実の政治の中にあった。彼は現実の処生の態度を「孤峭生硬」でなく、「豊厚濶大之量」に求める（四・五・一一、村田宛左内書翰）。彼は古来正人端士が廉潔直亮の故に己れを潔くせんと願うあまり姦人を退けようとしてかえって身の禍いとなり、遂には天下の治乱盛衰にもかかわることがしばしばあると指摘し、自らをきよくし姦人をにくむのは志士仁人の正徳ではあるけれども、「時態ヲ察セズ、任責を弁へず」、いたずらにそれに拘泥するのは大事をなす真の人材とはいいがたい、とした（同）。そうして「迚も世人を一々吾思ふ処へ引入候事は聖賢と雖も難き事」とのべ（六・二・二〇、村田宛左内書翰）、いたずらに一身の潔白を守ることにのみ汲々とするのは自己の存在の意義を知らぬものというべきであり、むしろ〝天下〟を思う誠心にかけていると説くのである（同）。

彼は藩政刷新のため人材推挙の必要をいい、人材を適所に配し、治績をあげることに究極の意義をみとめたが（「学制に関する意見箚子」）、一個人の道徳感情についてもそれ自身としては何らの価値も認めず、それが天下の福利につらなり、治平を支えうる限りにおいてはじめて意義が生ずるとした。かくして左内は慶喜推挙という目的のためには松平忠固（ただかた）への献金も、「小生存念ニてハ、此後ハ益（ますます）諸方へ賄賂等迄も致度と思ふ位」と進んで行わんとし（四・一〇・七、村田宛左内書翰）、上京運動に際しては公卿家臣に対する金品贈賄をも、「東西之情通ぜずしてハ事成兼候」と当然のこととして肯定したのである（五・二・二八、中根宛左内書翰）。

このように個それ自身の存在の意義を重視しなかった左内の思考は、その帰結として個の背後にあるもの、環境＝時勢・人情といったものを重視せざるをえなかったのは当然であろう。

笠原良策が『リュジメンタ』（和蘭語学原始）出版につき参考人となるよう要請し

たのに対し、左内はそれが当時の蘭学普及の程度に照らし合わせあまりに早きに失し、蘭学を普及するどころかかえってそれを妨げるとみて、「凡ソ物ヲ為スニハ時勢・人情ト申者ヲ斟酌致サズ候ワデハ、百事成就シ申サズ。（中略）何事も先後緩急ヲ弁ヘズ候ては徒ニ紛挐ヲ惹き出し候而已ニテ遂ニ成功なし」と論じてこれを拒絶した（三・四・九、中根宛左内書翰）。このような相対論的客観主義・時勢人情尊重論は彼の政治及び歴史の見方についてもそのまま適用されるのである。

たとえば一国の国是というものも始祖のときからすでに成っているものであるが、それは始祖の深智・巧慮によって自らあみ出されたものではなく、むしろ「天地自然一定之理」にもとづき「時勢・人情」を斟酌し、「衆人之心一同趣向致し候処ヲ御考合せ」て生み出されたものであるとした（三・四・二六、中根宛左内書翰）。漢土太古三代のいわゆる忠・質・文も、禹・湯・周公がそれぞれぜひにそれに定めたのでなく自然にそうなった、というのである。しかも以後の変遷において漢土が井田から阡陌へ、阡陌から均田へ、封建が郡県へ、更に藩鎮節度使と変わり、のちまた郡県となったこと、我が国が郡県より封建となり、兵農二分したこと、すなわち「世代の推移、時勢之沿革」というものは、「知らず覚へず右之如く推移り候者ニて、既ニ推移り候上ニてハ聖人も如何んトも成され難き御事」であり、「実ニ今より如何とすべからざる之勢」にあるものであった（同）。ゆえに後世の者は時勢の流れに従うべきであって、にわかに前代のものを根本から否定し改変することは不可能であり、ただ前代の弊害を改善することにのみ努力を傾ければよいのである。したがって左内は歴史が過去及び環境から全く切り離され、一支配者の恣意・強制によって作り出されたとする観方を否定せざるをえなかったのであろう。

彼は為政者として政治を行う要諦は、「国家之勢衆人之情より治道を指図致し候者」、すなわち民衆が何を感じ何を欲しているかをよくつかみ、それに適応する政治を行うことにあるとする（同）。したがってそれとは逆に、「国家を治め候ニは、（中略）執政者時勢・人情を料らず叨ニ触犯致し候時ハ其国必ず乱ル」（同）、「人心を失ひ民怒を犯し候ハ、実ニ国家之御大事、万事之成敗皆此ニトすべく候」（「為政大要」）と結論される。天地自然の理法ともいうべき時勢・人情の流れにさからえば政治にたずさわるものもたちまち失脚し、その国を滅亡にみちびくに至るのであった。要するに彼のとく政治論の核心は、民意を無視し時流をさえぎって上から一方的にする支配ではなく、時勢を察し、民情にもとづきつつしかも為政者の識見をとおしてこれを制馭し、鞭撻し、そのめざす目標へ民衆を無意識のうちにひきずっていくということにあったといえよう。

横井小楠との類似性

かくのごとく左内の思考・論理をあとづけてくるとき、幕末における開明論者として開国通商を唱え、維新後参与として明治政府に迎えられるや公議政体論を建策、近代国家の原型を示した横井小楠の論理との類似性を思わずにはいられない。たとえば「学政一致と申す心は人才生育し政事の有用に用ひんとの心にて候」（嘉永五・三、「学校問答書」『横井小楠遺稿』）、「学は人事日用之上にこれあり、（中略）道は日用人事の上に御座候」（伊藤荘左衛門宛小楠書翰、同）、「崎門の学は其弊甚だ固陋に陥り」（嘉永四、「遊歴聞見書」同）、「後世の学者日用の上に覚なくして唯書に就て理会す、是古人の学ぶ処を学ぶに非ずして所謂古人の奴隷と云ふ者なり」（講義「学而之章」同）、「理非を分たず一切に外国を拒絶して必戦せんとするは（中略）天地自然の道理を知らずして必敗を取るの徒也」（嘉永六、「夷虜応接大意」同）、「ヲロシアは御案内通り世界第一之大国」（嘉永六・八・七、伊藤荘左衛門宛小楠書翰、同）、「何事も人々に信ぜられざれば如何によろしき了簡も仕法も行れ申儀にてはこれなく」（弘化四・八・二二、長野濬平宛小楠書翰、同）、「とても天下之事は成り行に就き所置するより外尽力之致し方これなく、今日之勢決て妄動致す間敷」（慶応元・八・二七、甥左平太・大平宛小楠書翰、同）といった表現は、ほぼ同じような形で左内において主張されていたこと、すでにのべたところである。小楠は文化六年（一八〇九）の生まれで左内より二十五歳の年長であ

横井小楠

るが、この両者の類似性については若年者左内に対する小楠の影響・教化による、といちおう考えられよう。

嘉永四年福井に来遊した小楠は、吉田東篁ら福井藩の人々と特殊なつながりをもち、左内の父彦也でさえも面識を持ったと推考される以上、蘭学を志す少年左内の心につよく映る何ものかがあったに違いない。嘉永四年大阪遊学当時も両度小楠に対面、彼に従って熊本遊学への希望を強く抱いたのであるが、安政五年上京運動の際にも小楠が「数日御難題に罷成」ったらしく、四月十一日左内へ宛て「寛々(ゆるゆる)拝話を得大慶此事ニ存じ奉り候」との書翰を送っていることから、二人の間の交渉の度合いはある程度の親しさがあったことは認められる。

しかし二人の類似性から左内が全く小楠の影響の下にその思想を形づくったとはいい切れない。左内は小楠の謦咳(けいがい)に親しく接する相当の期間をもつことなく、また今日残っている双方のかなりな文書・書翰中交換したものとしては右の書翰及び同年五月八日付の二通に止まり、また左内の第三者宛書翰に小楠云々(うんぬん)の記述は殆んどなく、小楠招聘に当り村田氏寿と連絡するに当っても、小楠の学問見識をとくに推奨し、自らへの感化などを誇りつつ語るといった態度を全く見せていない故である。しかしいずれにせよ安政五年四月十二日長谷部甚平が左内へ送った書翰に、「横先生始て対面、聞しに勝る大物、其議論たるや光明正大、(中略)一々明快、実に吾党の先鞭を得候事、此上なき大慶」としたためているように、たんに左内に止まらず、福井一藩へ与えた小楠の感化は大なるものがあった。左内がその中に身をおいたことはまぎれもない。それに根を下しつつ左内は自らの学問と多くの先輩識者との交渉を通してその識見を形成したのであろう。

以上のべ来った左内の時勢人情尊重論は、安政の当時としてはたしかに時流を抜く卓抜さをもつものであったろう。われわれはそこに民生擁護思想の萌芽と、一方的な専制政治に対するいくばくかの批判的意志、そこから一歩すすんだ政治体制へ発展していくべきかすかな希求の念を、あるいはその契機の存在を感じとることができるであろう。その理論の未熟さは、あるいは封建制の論理を出なかったことは、彼のもつ史的意義をきずつけるものでは決してない。

第十　むすびにかえて

一　新しきもの・古きもの

近代への近接

以上のべたごとく左内は安政期にあって同時点、乃至(ないし)はそれ以後の尊攘派・倒幕派の政治意識・思考論理にくらべ、かなり先進的・開明的なものを有し、かつ史的意義において近代日本＝明治国家へもっとも近接する位置を占めた。

封建的残滓

しかしながらその反面、彼には蔽うことのできない前近代的・封建的なものの残滓(ざんし)があまりにも根強く存在しているのである。いや、それは残滓でなく開明論者左内のまさに同時にもついまひとつの面であった。彼はこの古さのゆえに近代的思惟(しい)のめばえが生命あるものへ成長し、維新運動の主流に身を投げ入れ、その方向を規定づけていくことなく、逆にそれに背を向け、これをおしとどめんとする陣営に、現実的にも理論的にも属せざるをえなかったのである。国際情勢への識見に支えられ、時流を高く抜いた彼であったが、しかも明治維新成立の担(にな)い手として打ち出されることなく、また幕末における近代思想の正しい開拓者たりえずして終らねばならなかった。その理由をわれわれはいかなる点に求めるべきであろうか。

洋学観

第一に洋学に対してとった彼の態度である。それはあくまでも洋学を技術学より以上に評価するものではなく、「筋合正しく」行われるよう周到な対策を講じ、洋学を学ぶことによってひき起される秩序への不信感を儒学精神を高めることによって防止しうると考えたのである(第四併照)。彼の洋学への深い識見は彼の階級的立場=封建支配者意識の固さをつき抜けることができなかった。

『西洋事情書』

安政二－三年ごろ彼は聞書であろうと想像される『西洋事情書』を書きとめて

いるが、それによると西洋の政体の趣意が天帝の意を奉ずることにあり、国王が人民撫育の精神に富んでおり、わずか十数人の供を連れたのみで気軽に民家に止宿して民情に接し、よく民意をたずね、租税も二十分の一をとるくらいで苛斂誅求をせず、政治は上下とも衆情にもとづき公議にそむかぬことが第一で、人材登用が行きとどき、国王一身の独裁が禁ぜられ、王族でも不敏なるものは政治に参与できないこと、学校の制度がととのっていること、婦女子も国家の成員として活躍の舞台をもっていること、物産・交易がさかんであること、などをあげている。これによれば左内がこのとき知識として西洋のいわゆる民主制度・立憲政体の片鱗をさえうかがい知ったであろうことは十分想像されるところであろう。

彼の蘭学の師であった杉田成卿がオランダ語の〝フレイヘード〟（自由）の意味を知り、酔うては〝フレイヘード〟を連呼して止めなかったという逸話（滋賀貞『景岳橋本左内』）は、このことを裏書きするであろう。

しかしながらそれは彼においてあくまで知識としての段階に止まっており、それを彼の画く構想の中に積極的に反映せしめていくことは到底考え及ばないところであった。信夫清三郎氏によればこの『西洋事情書』は「欧米先進諸国の諸制度を彼がどのように理解したかをしめす文書であり、また同時に開明的思想家としての彼の立場をあきらかにする宣言書であ」り、「改革の理想としての開明的重商主義国家の姿が描き出されている」と高く評価されているところであるが（『マニュファクチュア論』）、すでに考察してきたごとく、わたくしはこの論に疑問を覚える。むしろ逆に左内の西洋の政治体制への知識は、彼の危機意識をかき立てることに役立ったのではなかろうか。三条実万に対し外国艦船が襲来・上陸した場合を仮定して次のごとくいう。「別して無頼奸悪の亡命者等、党を結、群を成、山野に横行仕候様の事御座候はゞ、強勢外寇はさしたる義御座なく共、忽ち皇国一国の動揺紛擾と相成り申すべき歟に存じ奉り候。其等の間に乗じ夷狄附入候はゞ、自然皇国の御恩を忘却仕り、内応等仕り候様の不届者出来仕るべきも計り難し」(安政五・二・中旬、左内星書控)。

民衆への不信

儒教精神

ここにはあきらかに民衆が西洋諸国の武力侵攻の前に反覆つねなきものとする不信感が示されている。西洋諸国の〝魔手〟が〝愚民〟をまよわすことを危機とうけとったのではないか。よく被支配者側の意志をつかむ西洋諸国が甘言をもって民衆を籠絡し、支配階級に敵対させるであろうことを西洋の政治制度・社会風習を知るが故にこそ予想し、それをもってわが封建の〝天下〟を危殆へみちびくものと警戒するところに左内の真意があったと推考されるのである。さればこそ仁義道徳の教学たる儒教が危機を救う最高の徳目として鼓吹されたのであった。「東洋道徳西洋芸」とうたったのは佐久間象山であったが、左内が同じく「仁義之道・忠孝之教は吾より開き、器技之工・芸術之精は、彼より取り候様」というとき(四・一〇・二一、村田氏寿宛左内書翰)、西洋国王の民主的性格と代議・議会政治の祖型を知識として知った彼にしても、知ったが故にこそ西洋近代文明を技術学以上に評価しえなかった

現支配機構の肯定

のである。このことは彼の思考の封建的限界を端的に示すものといえるであろう。

第二に彼は同時代のいわゆる志士たちの理念と行動を規定した天皇への神秘的熱情を有せず、〃勅諚〃や〃叡慮〃にかかわりのない国土の危機、外圧の全日本的危機を感じとり、将軍継嗣運動を基盤に積極的開国を推進することによってそれを回避しようとした。しかしそれにも拘わらず防衛されるべき国土は現支配機構を昇華（しょうか）した国民国家としての日本でなく、まさに現権力者によって統治される封建国家日本に外ならなかった。極論するならば攘夷によって現支配体制が維持されえないことがあきらかである以上、むしろわれよりする開国によってこれを擁護しようとしたともいえるであろう（三上嘉明「橋本左内の政治思想」『広島大学教育学部紀要』第一部一九五七の五）。彼にとって〃天下〃はその敬愛する主君がつねに顧慮する徳川幕府・将軍によってこそ統御せらるべきであるということが、固定意識としてゾレンとして、疑問の余地がなかったのである。したがって彼のいう国土の危機意識は、そのまま同時に徳川幕府の支配体制の動揺を憂える意識に直結せざるをえず、その結果、現在の規模における封建制の再編成へ目標がそらされてしまい、近代国民国家樹立の方向が見失われてしまった。

かくして彼はさきにのべた時勢人情尊重論をも究極までおしすすめることができなかった。時勢が必然のものであるとするにもかかわらず彼はわが国の国是を「人忠義を重んじ、士武道を尙び候二ケ条」に求め(三・四・二六、中根雪江宛左内書翰)、とくに武を強調した。わが国は古来その盛衰すべてこれにかかっているとし、「実ニ尙武之風を忠実之心ニて守り候ハヾ風俗も益(ますます)敦重(とんちょう)ニ相成、士道も益興起仕り、国勢・国体万邦ニ卓出仕るべく候事目前ニ御座候」という(同)。

さればこそ左内は民怒を犯しては治国の大事であり、事の成否はすべてこれにかかるといいながら、「俗情ニ拘はり姑息(こそく)ニ安じ候ハ其害実ニ云ふべからず」といましめ(「為政大要」)、時勢人情は天地自然の理であり人為のものではない故、もしこれに従わねば国の争乱滅亡を招くといいながら、「併し（中略）政事なく仁賢を棄て礼儀なしと申す三弊を抱き居り候時ハ、時勢・人情逐々苟偏鄙駁ニ相成、士ハ士道を知らず、唯淫乱・利欲ニ耽リ、百姓ハ我儘・奢侈ニ長じて上を畏れざる様ニ相成、争訟・紛争等盛ニ行れ候様ニ相成申すべく候。此を自然之時勢・人情と心得候時は大間違ニて、（中略）篤と其病根を見定、千変万化、神算妙術を竭し申さず候てハ、迚も大丈夫之体ニは直り申さず候」と痛論せねばならなかった（三・四・二六、中根宛左内書翰）。

左内の時勢人情尊重論も封建意識の拘束を脱して前進することは不可能であった。左内にとってわが国が郡県制より現在の封建制へ転化したのは、「実ニ今より如何ともすべからざる之勢」であったのである（同）。たしかに左内は「近来幕府政体陵遅仕り候向も御座候へ共」とのべるごとく（五・二・中旬、三条実万宛左内呈書控）、幕府がすでに衰運の一途をたどっていることを知っていた。しかしあくまで封建の世界に呼吸し、徳川幕府の倒壊を夢想だにすることが不可能であった彼にとっては時勢・人情のともすれば奔放に走らんとする動きを、「啻ニ神皇而已ならず東照公・浄光公(藩祖秀康)之重んぜられ候処も此ニ在りと」される尚武重忠の至上格率によって統御することが必要とされた(三・四・二六、中根宛左内書翰)。それは要するに彼の思考・論理のもつ封建的限界をあからさまに示すものといわねばならない。

二　その解明

それでは彼のもつこのような二律背反性—近代的なものの萌芽と前近代的・封建的なものとの共存は一体どのように理解したらよいであろうか。

彼のもつ近代性は変革期という時代の圧力、及びそれが英才左内の頭脳に与えた影響、それとの対決の中に自らの進路を求めようとした積極的意欲と、更には洋学的識見とが大きく作用したことはいうまでもない。また彼が士分でこそあれ藩医という封建階層制の下級の出身であったことは、多かれ少なかれ現状社会の矛盾にめざめしめ、改革への批判的精神をもり上げていくエネルギーを培(つちか)ったであろう。大阪・江戸遊学は渦巻き流れていく時代の空気をなまなましく感じさせ、否応なしに政治への自覚をかきたてたことであろう。しかも彼は尊攘思想からは自由な立場で国土の危機にめざめていたにもかかわらず、それへの対応として〝天下〟の抜本的改革の道＝封建制克服の方向をえらぶことができなかった。

更にまたその歴史的性格においてよりつよい封建反動性をもち復古意識にわざわいされ、前向きの改革の構想に至っては皆無にひとしいほどの貧しいものしかもたなかった尊攘派志士たちは、その基本的身分があくまで士分階級の中に根ざす限り反封建エネルギーをもちあわさないにせよ、尊王攘夷をとおして現支配者たる幕府・将軍の権力と対抗することにより、かえって維新運動の主流をつき進むのに、開明的志士ともいうべき左内は刑刃(けいじん)が頭に加えられるまで、ついに幕府

・将軍の権威から自由でありえず、むしろそれの積極的な擁護・代弁者として改良的封建主義ともいうべき現支配体制再編成の方向へ走らざるをえなかった。それはなぜであろうか。

慶永とのつながり

ここで考えられることは彼と藩主慶永との密接なるつながりであろう。階層的秩序の重んぜられた封建社会において、とくに左内のごとき軽輩が一藩の指導的地位につき、一藩の運命をになって国事を周旋するにあたり、藩主とのつながりは欠くことのできぬものである。藩主の権威を負うことによって始めて活動が可能となり、政策の実現が期せられるのである。彼は慶永とまことに密接なつながりを持っていた。「京地の事ハ左内が思はん様に謀（はから）ふべ」しと信頼され（『昨夢紀事』三）、必要あれば慶永に直書（じきしょ）をしたためることを求め、その草案を示し下書を呈示させているように（安政五・三・一四、中根雪江宛左内書翰）慶永に思うまま進言することができたのであった。しかもそれは慶永を手段として利用するということではなく、慶永が幕譴（ばくけん）を蒙むれば責任を感じて直ちに自決を思い、また獄舎にあって自らに暗い運命の迫ったのを知りつつ、手をつくして藩主の罪の軽減を願うといった人間的な深い愛情の傾注さえ行われたのである。しかし彼がかくのごとく藩主の恩寵を蒙ること厚く、その権威を十分に利用することができたということが却って彼を抜本的革新へ目覚ましめることなく、そのまま現支配体制の維持を願う封建権力・為政者の階級的立場に直結させ、西洋近代政治についての知識の片鱗を持ちつつそれの有する進歩的意義を全く理解することなく、幕府・将軍中心の集権的封建国家の壁を一歩もつき破ることの不可能ならしめた大きな原因であったといわれよう。武士階層制の下級の出自でありながら彼には在野精神というものは全くなく、従って現状否定的でありえず、幕政の真の批判者たることが不可能であり、つねに現政権担当者としての幕府とともに歩まねばならぬ宿命を背負い込んだのであった。

民衆への姿勢

だから左内には、運動をすすめるに当って民衆へのアッピールや民衆のエネルギーについての積極的評価がみられない。彼のえがいた統一国家の構想では、人材を陪臣・庶士にかかわりなく登用することを説いているものの、それはひっきょう士分階級にのみ限られていた。民衆の動員にまでは考え及ばなかったのである。この時代の大部分の志士がそうであったごとく、彼においても民衆は夷狄の甘言により容易に支配者を裏切るところの向背(こうはい)つねならざる愚民としてしかうつっていなかった。わずかに北海道開拓の一環として「内地之乞児(こじき)・雲介(くもすけ)之類ニ頭を立、相応之賄遣し蝦夷へ遣」わすことをいうに止まり(四・一一・二八、村田氏寿宛左内書翰)、民衆を外圧に対する統一国家の成員に育て上げようとする意欲は全くみられないのである。はやく十五歳の著『啓発録』で士道の頽廃に着目した彼は、「今若シ天下ニ事アラバ、手柄功名ハ却テ百姓・町人ヨリ出デ、(中略)誠ニ嘆カハシク存ル」とのべるのも、民衆のエネルギーの成長を自らの支配権の動揺としてうけとる士階級からの危機意識に立ち、そこからする民衆への着目に外ならなかった。したがって「人心を失ひ民怒を犯し候ハ、実ニ国家之御大事、万事之成敗皆此ニトすべく候得共」といいながら、「俗情ニ拘はり姑息ニ安じ候ハ其害実ニ言ふべからず。（中略）其政令・法度ニ戻り候者ハ刑罰を以て御懲し成され度候」ことが求められるのである（「為政大要」）。政治の要は民衆の支持をうることにあると正当に理解しつつも、それは「此地の下民迄も御徳を有難く存ずる様致し置かずば危き」ためであり（三・八(?)、『貿易通議』評）、みずからの支配の正当性を民衆に訴えるための方便とされる。

この点について一―二の研究者によっては左内が「封建国家を重商主義国家にすすめる」、「開明的思想家として当時の日本にたぐいまれな一人」、「一世の啓蒙思想家」と規定される（信夫清三郎『マニュファクチュア論』）。また農民一揆と左内ら改革派のコースとの連関性を強調して、「漸次成長する農民の力が、やがては進歩的な藩政改革への方向づけを推進する要因ともなった」といい、あたかも左内らが農民のエネルギーを背景としていたかのごとく論じ（加藤亥八郎「越前藩における改革とその構想」『日本史研究』一八）、あるいは彼が官

開明的思想家

一世の啓蒙思想家

貿易を主張したのは人民を保証するためであり、「商人を批判することによって生産者の立場にたいする同情をあきらかにし」、「農民の場合も同様である」と説かれている（信夫前掲書）。

けれども彼が「士風義理に強く、利勘に疎くこれあり度き事に候」といっているのは（「学問所事件についての布令原案」）、本質的には伝統的な儒学イデオロギーが君臨していたことを示すものといえる。また彼の農民観も必ずしも生産者への同情にみちた態度を示しているわけではない。彼は農村の疲弊、ことに耕作農民の窮乏化に着目し、「井田の正法は容易ならざる義」であるため「責て均田の御仕向仰出され候」ことを主張するのであるが、基本的態度としては、「耕作之義は惰と勤とに有て生穀増減あること夥し。（中略）惰農の悪弊を革め候宿方これなくては、譬ひ善政仰出され候ても益なき事」、「所謂聖人の政（中略）民の内に貧富懸隔ある事なし。有と云へども、只其身の勤倹と侈惰とによりて、或は富み或は貧なるのみにて、土地の多少・幸不幸はこれなき儀」とのべ（「農政に関する意見の写」）、農民の階層分化を単純に勤勉と怠惰とにもとづくとみているのである。また都市近郊農民の離農・都市日雇労働者化を、「日雇をすれば暮し安し。佚を好む人情にて」、「安を盗むより自然と御徳を背き候」と規定するような純封建的な農民統制論を披瀝している（同）。さらに安政五年末の世情について、「とうねんのくれは、（中略）てがたたかく候ゆゑ、したゞゝのものはこまりもうすべく、まことにかはいさうなることに御座候。これもしよこくのつりあいに御ざ候ゆへ、いたしかたもなく候」とのべ（一二・二八、母宛左内書翰）、生活苦にあえぐ民衆へ一たんは同情的言葉をのべつつも為政者としての姿勢をいささかもくずすことがない。

要するに左内の民衆への基本的態度は抑商的な儒学の論理に支えられており、〝近代〟への道はなお遠いものがあったといわねばならない。

けれどもすでに明和四年（一七六七）林子平が天草の籠城に発揮せられた民衆のエネ

尊攘派の農民観

ルギーを評価し（「兵策問」『林子平全集』一）、西洋諸国では「城下の地下人・商賈等」が「流浪して逃隠る事なく上ト共に郭を守」ることをのべ、籠城の場合民衆を放置し、いたずらなる混乱・疲弊におとし入れるわが国の場合と比較して、海防における民衆の力の結集の不可欠を説いている（「海国兵談」同）のとあわせ考えるとき、左内の封建支配者的民衆観がその近代的展開を阻止する大きなブレーキをなしていたことは疑いを容れないであろう。安政六年春尊攘運動の代表的思想家吉田松陰は農民一揆のエネルギーに目をつけ、これを自らの闘争に利用しようとの意志をみせているし（三・二六、野村和作・入江杉蔵宛松陰書翰『吉田松陰全集』九）、真木和泉・大橋訥庵ら倒幕志士たちは、「民心既ニ離レテハ（中略）聊モ恃ミノナキ事ナレバ、誠に危殆ノ至リニ非ズヤ」という自覚に立って（大橋訥菴「責難録」前編巻一『大橋訥庵先生全集』下）その行動の正当性を積極的に民衆に訴え、豪農の兼併を阻止するためこれを士分にとりたて、代りにその田を窮民に分って心をうることなどを献策し（真木和泉「秘策」『真木和泉守遺文』）、民衆の支持をうることをはかっているのである。

もちろん倒幕派の政治意識はその改革のプランが極度に貧困であり、倒幕を成功させるためには民衆の協力を不可欠としながら反面、「士と商人と之差別正敷」ことを強調していること（大橋訥菴「嘉永上書」『大橋訥菴先生全集』上）、さらに彼らが農民愛育を説きながらも、それはつまりは「民ノ艱苦ヲ劬リ行ケバ下民ノソレニ感動シテ、身ヲモ骨ヲモ惜ム事ナク力ヲ其君ニ竭ス事」を求める手段にすぎず（「責難録」前編巻一『大橋訥菴先生全集』下）、ひっきょう農民は大切な士を養うための扶持米の収入源なるがゆえにこそ愛育すべきであるとする態度をはっきり示している限り（同）、在野精神に立つ倒幕派とても封建支配者としての基本姿勢をくずすものでは決してない。

　しかしながら彼らがともかくも民衆へ着目し、部分的にもそれに共感の念をもちえたことは、近代国民国家形成の道——維新運動における相対的進歩派としての意義をみとめることが可能であろう。

　これに反して左内の民衆に対する本質的な関心の欠如は、一面においてきわめて先駆的・近代的なものへ展開すべきめばえを多くみせつつ、それを育てあげえなかったことを結果し、やがては彼の歴史的地位を決定するのである。

左内をそのような框内にわくおしとどめたもう一つの理由として、われわれは彼の改革プランにおける財政々策面の手うすさを指摘しなければならない。英主慶永を擁して意気あがり藩勢の興隆諸国に喧伝された福井藩であったが、軍制改革の推進・文武の奨励・継嗣運動という天下的問題につらなる運動に従事した表面のはなばなしさにひきかえ、新旧の借財九十万両にものぼった慶永就封時の窮迫した財政事情は嘉永五年当時なお年二万両不足し、金というものは福井ではみることのできぬ状態であった(『由利公正伝』)。慶永の政界への進出は当然のごとく国用の増加をよび、しばしば用金の賦課を行うことで補わねばならなかったのである(『福井県史』二)。

安政二年三月十五日「学問所取建についての布告」に、「従来御勝手向御不如意之上、引続非常之御物入之れあり。必至御手詰之御倹約にて、漸く御凌ぎ在りなされ候御次第云うん々」とある（「明道館に関する諸布令」）。

しかもこの財政の疲弊は左内を慶永の帷幕に迎えても好転しなかった。安政五年当時にあっても「猶極端なる節倹を以て財政を済ふべきものとし、生産萎靡せる」有様であった（同）。左内が推進したもろもろの改革は、節倹によってできうる限り消費をひきしめるという消極的財政・封建的経済倫理の上にきずかれていた、ということができよう。しかるに安政六年、すなわち左内が藩政の枢機から完全にはなれて以後、財政整理が積極的な国産奨励と結びついて事情しだいに好転し、文久二年末に至ると各地移出物産総額が三百万両に及び、藩金庫に蓄蔵された黄金は五十万両に達して、他藩の羨望の的となったといわれる（「福井県史」二、「由利公正伝」）。これは左内、さらに左内のあとをおそって慶永の啓沃者となった横井小楠の改革的方針を継承し、一手にひきうけて推進した由利公正の卓抜した財政手腕に帰せらるべきものである（同）。藩政改革を政治面で担当したのが左内であれば、財政

由利公正の手腕

上からこれを支えたのは公正であったといえる。

もちろん左内に財政上の論策、財政改革のプランが皆無であったというのではない。彼も福井藩における殖産興業の発展に注目し、奉書紬（つむぎ）・漆器・紙などの国産品・製品の増大をはかることは、「当今外国貿易盛に相開候折柄に於ては、国家御大政中の最も御専務と」いう見解に立って（「制産に関する建議手書」）、「右を程能く売捌（うりさばき）候事、肝要之義」と結論する（「外国貿易説」）。しかも自国の品物を自国内で売るだけでは「利益も夥（おびただ）しからざる」ゆえ（五・二・中旬、三条実万宛左内呈書控）、その販路は国内市場ではなく購買力の高い外国貿易が藩財政に莫大の利益をもたらすものであると論じ、長崎・函館、さらにはワシントンにまで商館を設ける必要を建策した（「制産に関する建議手書」「外国貿易説」四・一二・二七、慶永答申書）。そうして外国商人にあっては「商法専ら信義に基き礼律を守」るゆえ、わが国商人の「狡弄瞞獪（こうろうまんかい）」なるとはおのずから違うとして「姦商」の介在を許さぬ「直貿（じきぼう）」すなわち官貿易が主張されるが（「制産に関する建議手書」）、それは同時に「公平の法にて窮民のたすかり候様手段相立」てるためでもあった（六・二・二〇、村田宛左内書翰）。すなわちその基本的視点において――すでにのべたごとく――封建的限界を免がれないにせよ、外圧に対応すべき政治論策としての開国が、経済策たる貿易促進論によって支えられ、しかもそれが机上論としてではなくきわめて現実性に富む方策としてのべられているのである。貿易によって富国強兵という最大の目標を達成する、この意味で彼はまた一家をなす経済論者でもあった、といえよう。

しかし彼は将軍継嗣運動というあまりにも〝政治〟的課題に傾倒（けいとう）しすぎた。また明道館在任期間も、学館の隆運に没頭するあまり、当面の問題以外に心をさくべく、彼はあまりにも多忙にすぎた。

かつ彼の政治生活が封建支配の最上層部につらなる世界の中にあったということは、彼をしてなまなましい現実の庶民、あるいは窮乏にあえぐ下級武士たちの息吹きからほど遠い位置に置いた。彼は藩医の出にすぎなかったが、事実において彼は福井藩最高の指導層の中にその政治生活を過したのである。このような彼の占めた位置が、彼に藩財政の窮乏を打開すべき経済「論」をのべさせつつ、しかも「論」の段階に終らせたのではなかろうか。彼はいう、「士風義理に強く、利勘(りかん)に疎(うと)くこれあり度き事に候」と。

三　時代をこえて

しかしながら古いままの封建的諸権威が重苦しくそびえ、幕府・将軍のもつ地位の伝統的重みは絶大であり、これに拮抗する尊攘派も、まだ倒幕という当時にあってのぎりぎりの目標へまで展開するに至らず、まして倒幕ののちうち立てるべき新しい政治体制の輪廓さえつかめていなかった安政の時点にあって、左内の占める歴史的地位とその果した意義とは、その反面のもつ前近代的・封建的性格の存在のゆえに決して過小評価すべきではない。維新後天皇制国家樹立にあたっての中心的指導者であった大久保利通でさえ、主君たる島津久光の意志をのりこえることが可能となったのは、ようやく慶応期に入って以後である（遠山茂樹『明治維新』、鹿野政直『日本近代思想の形成』）。有馬新七・真木和泉・高杉晋作・久坂玄瑞といった倒幕の尖鋭分子にあっても、倒幕闘争にしたがいつつ、「防長之御大主と天下に仰せなされ候様致さず而者、義兵の詮はこれなく候」とのべて藩主への忠節抜きがたい意志をみせており（慶応一、高杉晋作書翰『東行先生遺文』）、また挙国一致外国に当るべきを説きながらなお「往先御国の災害を成し御手の延兼候も計り難い」ゆえ、長州藩の国替を主張するように（元治一・九・七、大久保一蔵宛西郷書翰『大西郷全集』一）、自藩中心・封建的割拠意識の根強さを持っていたことをあわせ考えるとき、なおさらのことであろう。

左内における封建的・前近代的傾向の存在はみのがすことはできないが、若くして蘭学に通じ、英・独語をも解したその識見は倒幕の過程を経ることなしに幕府絶対王政化へのコース、いいかえると天皇を将軍におきかえた明治国家の原型と、その歩むべき方向を無意識の中に予知していたともいえるのである。

ここでわれわれはその思想構造・政治論策の上で左内とのいちじるしい類似性をもった横井小楠の文久以後の動向を注目したい。小楠は慶永をたすけ終始倒幕派に対抗して公武合体運動を推進し、長州再征を「幕之光景盛大、（中略）恐悦至極万々太平の基」とみ（慶応一・五・七、岩男俊貞・野々口為志宛小楠書翰『横井小楠遺稿』）、「越州は親藩にて幕廷に向ひ弓矢を取候は天地翻り候ても相成り難き道理」とする立場（文久二、藩主に呈する小楠の書、同）から家茂の死に際しても一日も早く新将軍が相続し「誤国の奸邪」をしりぞけ、英名の大名・旗本その他列藩と公正の政治を行うならば「一新更始皇国之興隆此時と」のべた（慶応二・八・一一、毛受鹿之助宛小楠書翰、同）。したがってその統一国家の構想は倒幕を前提としたのでなく、あきらかに幕府を中心におくものであった。この小楠の主張の中に、左内もまた辿ったであろういわゆる「幕府王権」（座談会「〃近代史の問題点〃をめぐって」における大久保利謙氏の発言『日本歴史』一一五）的路程がうきぼりにされている、と考えられないだろうか。

彼のえがいた統一国家は「今之勢ニても随分一芝居出来候半歟」とのべるように（四・一一・二八、村田宛左内書翰）、あくまで現機構を肯定した封建の規模を一歩も出ぬものではあったが、それはまだ反幕活動が表面化せず、幕府的権威がつよい圧力と指導性をもって君臨していた安政という時代と、その幕府の親藩であり、自らもっとも忠篤なる藩屏(はんぺい)意識につらぬかれ、つねに幕府と一体なることを確信した藩主慶永の恩寵の中にその政治的地位を保証され、その全幅の期待と信頼の中にあり、かつこの藩主に全身をあずけ、比類なき尊敬と愛情と、誇りとをもって対した青年左内の存在の条件が、それを余儀なくしたといえるかも知れない。

しかもそれにもかかわらず彼は、数多い〝幕末志士〟の中にあってもっとも開明性ゆたかに日本の近代的展開過程における先駆的担(にな)い手の一人であり、幕末から明治への歴史の流れの中で橋渡し的役割を果たし、近代日本誕生のため偉大なる足跡をのこした忘るべからざる〝志士〟であったというにやぶさかでない。

橋本氏系図

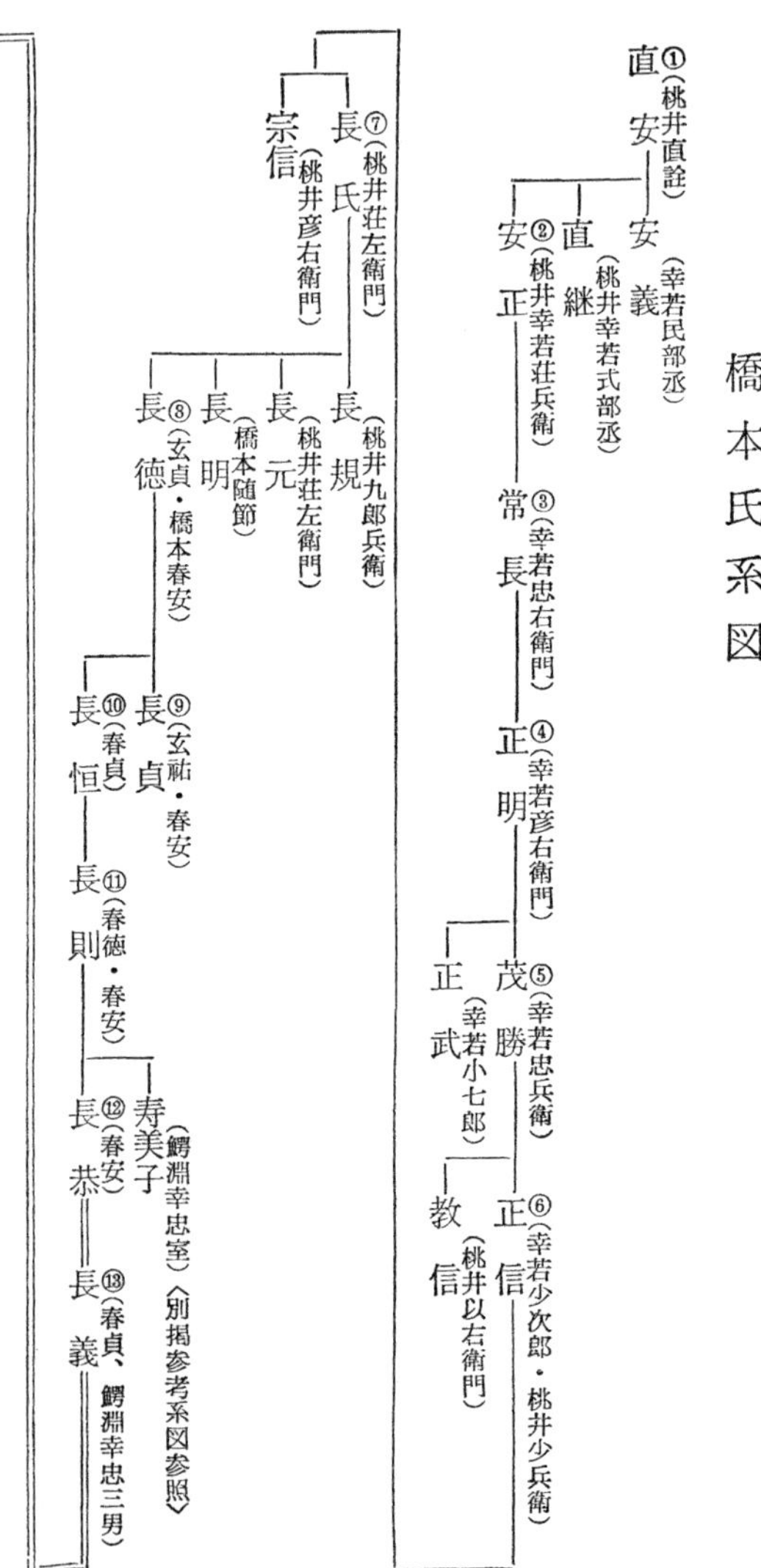
①直安（桃井直詮）
安義（幸若民部丞）
直継（桃井幸若式部丞）
②安正（桃井幸若荘兵衛）
③常長（幸若忠右衛門）
④正明（幸若彦右衛門）
⑤茂勝（幸若忠兵衛）
正武（幸若小七郎）
⑥正信（幸若少次郎・桃井少兵衛）
教信（桃井以右衛門）
⑦長氏（桃井荘左衛門）
宗信（桃井彦右衛門）
長規（桃井九郎兵衛）
長元（桃井荘左衛門）
長明（橋本随節）
⑧長徳（玄貞・橋本春安）
⑨長貞（玄祐・春安）
⑩長恒（春貞）
⑪長則（春徳・春安）
寿美子（鍔淵幸忠室）〈別掲参考系図参照〉
⑫長恭（春安）
⑬長義（春貞、鍔淵幸忠三男）

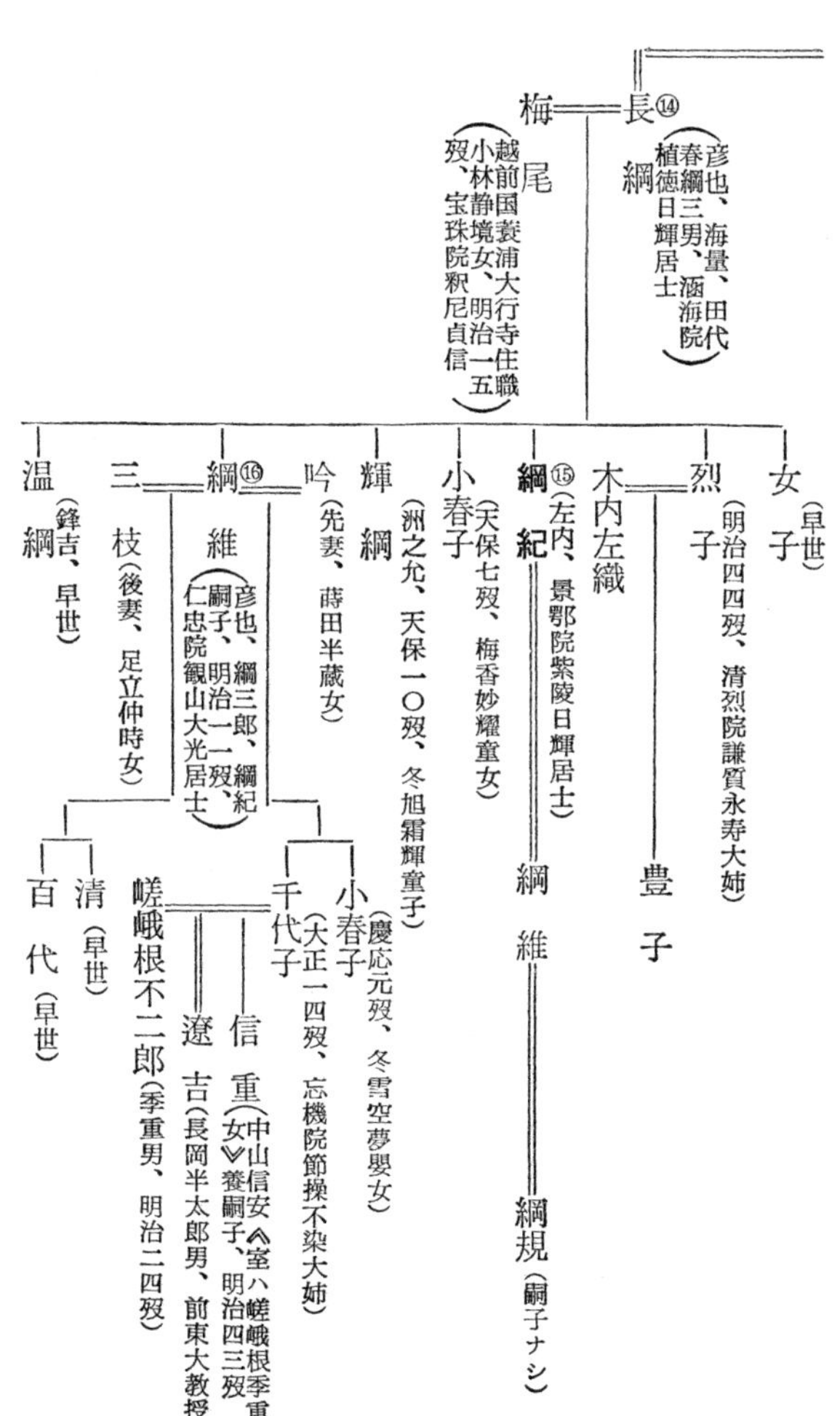

長⑭（彦也、海量、田代春綱三男、涵海院植徳日輝居士）
綱
梅尾（越前国養浦大行寺住職小林静境女、明治一五歿、宝珠院釈尼貞信）
女子（早世）
烈子（明治四四歿、清烈院謙質永寿大姉）
木内左織
豊子
綱紀⑮（左内、景鄂院紫陵日輝居士）
綱維
綱規（嗣子ナシ）
小春子（天保七歿、梅香妙耀童女）
輝綱（洲之允、天保一〇歿、冬旭霜輝童子）
吟（先妻、蒔田半蔵女）
綱維⑯（彦也、綱三郎、綱紀嗣子、明治一一歿、仁忠院観山大光居士）
三枝（後妻、足立仲時女）
温綱（鋒吉、早世）
小春子（慶応元歿、冬雪空夢嬰女）
千代子（大正一四歿、忘機院節操不染大姉）
信重（中山信安《室ハ嵯峨根季重女》養嗣子、明治四三歿）
遼吉（長岡半太郎男、前東大教授）
嵯峨根不二郎（季重男、明治二四歿）
清（早世）
百代（早世）

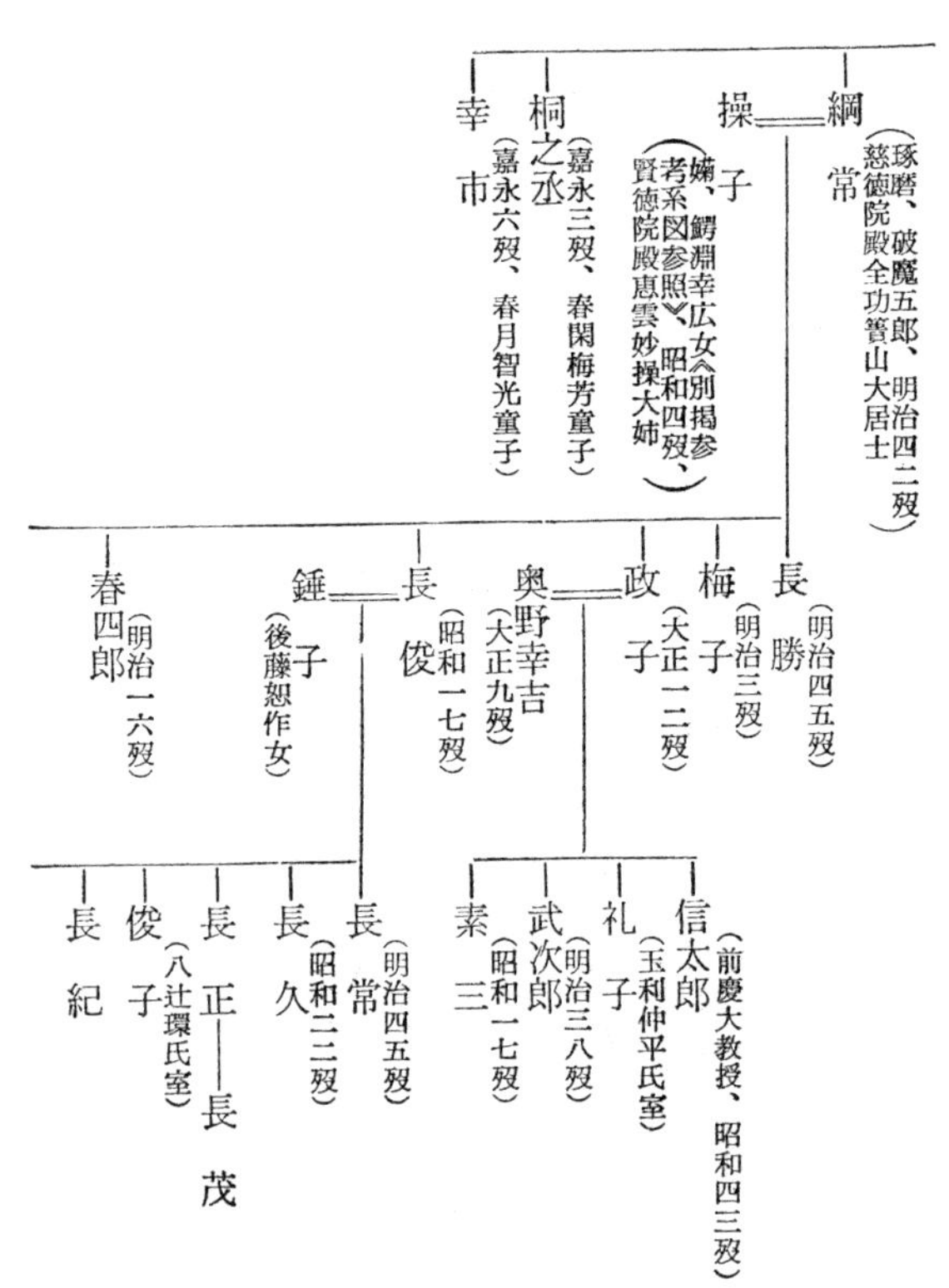

綱常（琢磨、破魔五郎、明治四二歿、慈徳院殿全功簣山大居士）
操子（嫡、鍔淵幸広女《別掲参考系図参照》、昭和四歿、賢徳院殿恵雲妙操大姉）
桐之丞（嘉永三歿、春閑梅芳童子）
幸市（嘉永六歿、春月智光童子）
長勝（明治四五歿）
梅子（明治三歿）
政子（大正一二歿）
奥野幸吉（大正九歿）
長俊（昭和一七歿）
錘子（後藤恕作女）
春四郎（明治一六歿）
信太郎（前慶大教授、昭和四三歿）
礼子（玉利仲平氏室）
武次郎（明治三八歿）
素三（昭和一七歿）
長常（明治四五歿）
長久（昭和二二歿）
長正
長茂
俊子（八辻環氏室）
長紀

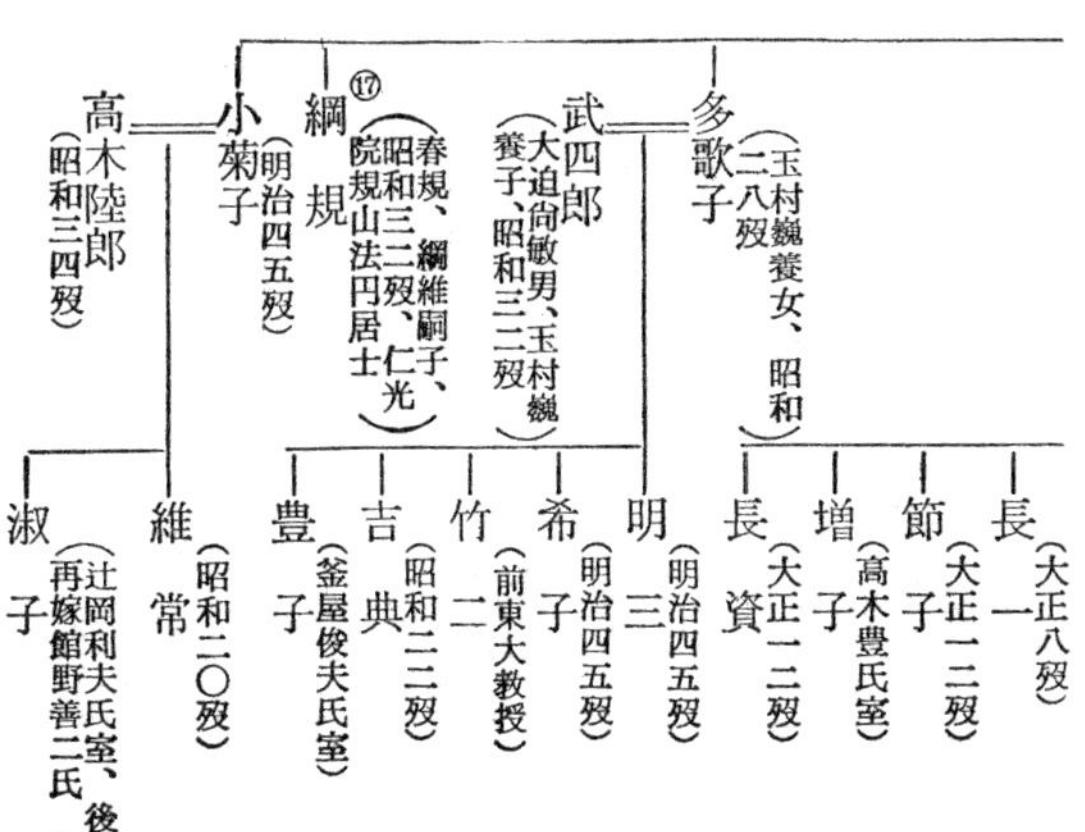
多歌子（玉村巍養女、昭和二八歿）
武四郎（大迫尚敏男、玉村巍養子、昭和三二歿）
綱規（春規、綱維嗣子、昭和三二歿、仁光院規山法円居士）⑰
小菊子（明治四五歿）
高木陸郎（昭和三四歿）
長一（大正八歿）
節子（大正一二歿）
増子（高木豊氏室）
長資（大正一二歿）
明三（明治四五歿）
希子（明治四五歿）
竹二（前東大教授）
吉典（昭和二二歿）
豊子（釜屋俊夫氏室）
維常（昭和二〇歿）
淑子（辻岡利夫氏室、後再嫁館野善二氏）

〈参考〉

鰐淵氏系図（抄）

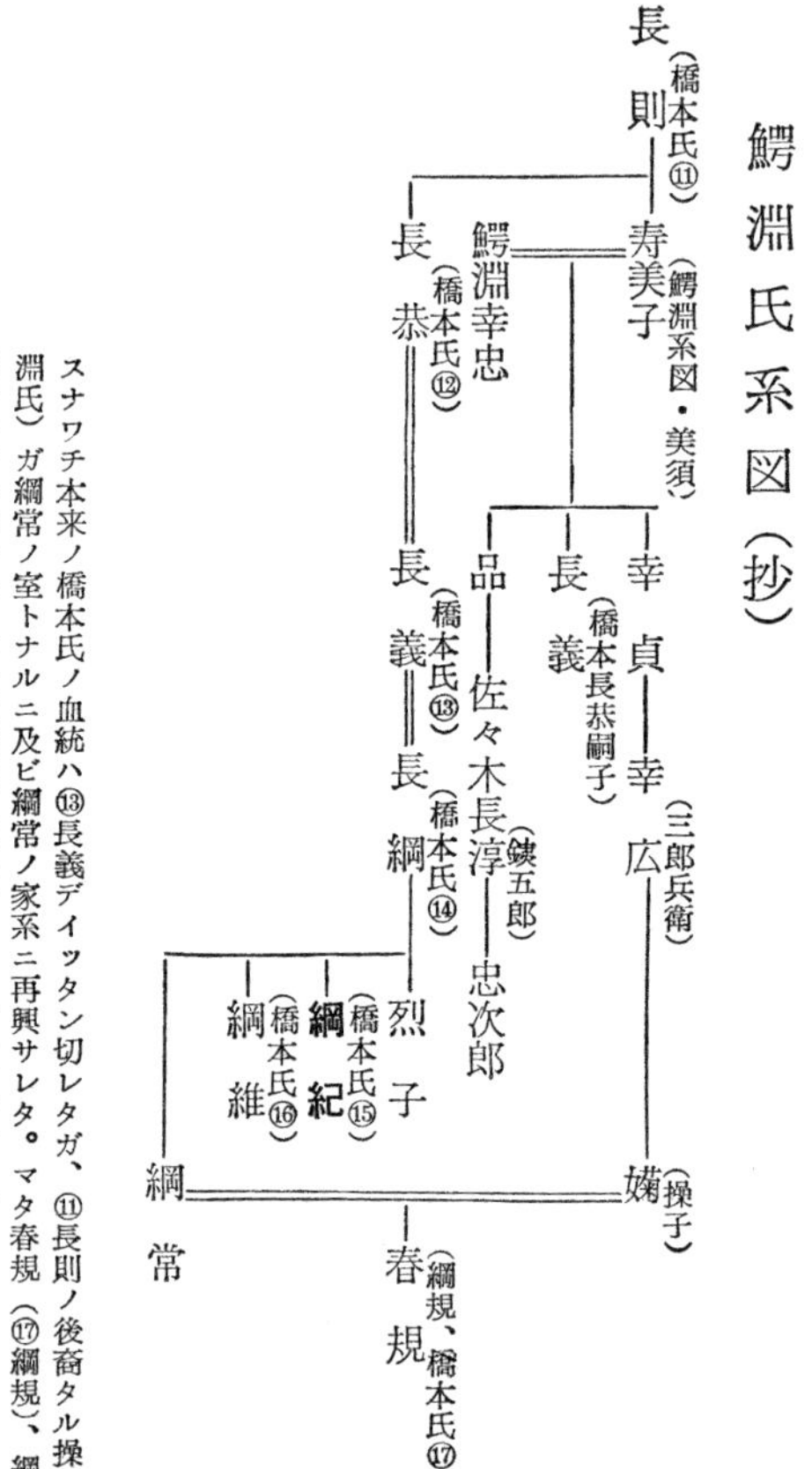

スナワチ本来ノ橋本氏ノ血統ハ⑬長義デイッタン切レタガ、⑪長則ノ後裔タル操子（鰐淵氏）ガ綱常ノ室トナルニ及ビ綱常ノ家系ニ再興サレタ。マタ春規（⑰綱規）、綱維ノ嗣子トナルコトニヨッテ、橋本々家ヘモフタタビツナガッタ。

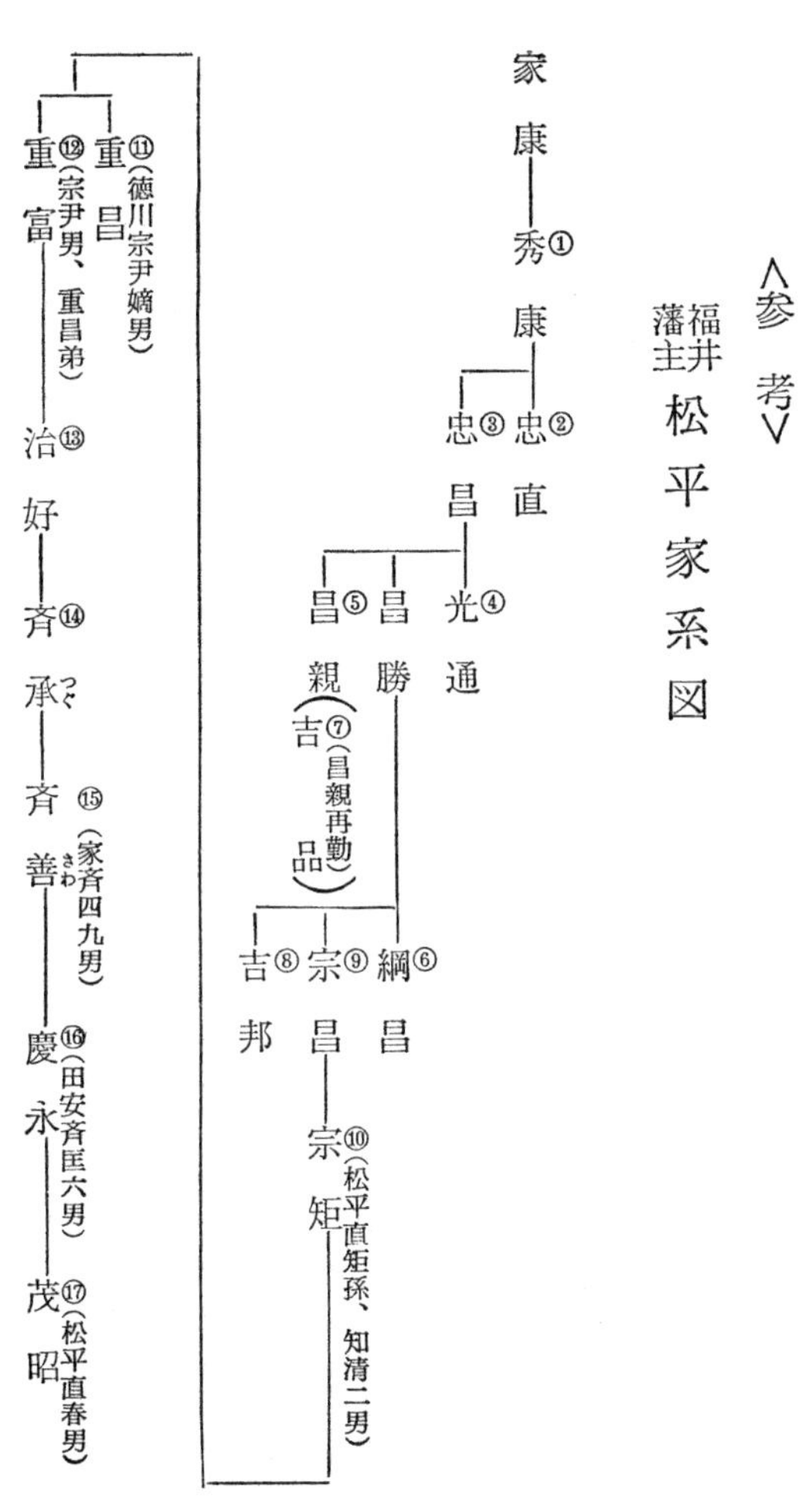
〈参考〉
福井藩主松平家系図
家康
①秀康
②忠直
③忠昌
④光通
昌勝
⑤昌親
⑦吉品（昌親再勤）
⑥綱昌
⑨宗昌
⑧吉邦
⑩宗矩（松平直矩孫、知清二男）
⑪重昌（徳川宗尹嫡男）
⑫重富（宗尹男、重昌弟）
⑬治好
⑭斉承
⑮斉善（家斉四九男）
⑯慶永（田安斉匡六男）
⑰茂昭（松平直春男）

略年譜

年次	西暦	年齢	事蹟	参考事項
天保五	一八三四	一	三月一一日、越前国福井城下常盤町に生まる。父彦也三〇歳、母梅尾二一歳、長男	(仁孝天皇・将軍家斉・一四代藩主松平斉承) 正月、藩、他国商人の入り込み猥りに売買するを禁ず○三月、水野忠邦老中となる
六	一八三五	二		七月、斉承死し(二五歳)、斉善襲封(八月)
七	一八三六	三		二月、増高につき藩、幕府へ願書呈出○一〇月、藩、領内米穀、酒造禁止を令す○この年、藩内洪水・飢饉
八	一八三七	四		二月、大塩平八郎の乱○三月、藩、領内米商に命じ米一俵を銀八〇匁で売らしむ。救助米・種子代を出す○五月、福井城下民家五百戸火災○六月、米船モリソン号浦賀来航○九月、家慶将軍宣下○この年、藩内洪水・飢饉。風疫止まず
九	一八三八	五		二月、羽倉用九伊豆諸島巡視○七月、藩、救助法

年号	西暦	年齢	事蹟	参考事項
				規定。斉善死し(一九歳)、慶永襲封(一〇月二日)○八月、藩、蠟・砂糖を買上げ、蔵物とし、専売となすことを規定○この年、緒方洪庵大阪開塾。渡辺崋山『慎機論』、高野長英『夢物語』著述
天保一〇	一八三九	六		二月、藩、家中封禄向う三ヵ年間半減○三月、藩、領内下附扶持米向う三ヵ年間借用令○一二月、渡辺崋山・長野長英処罰
一一	一八四〇	七	八月、父彦也本科兼帯○この年から漢学を藩医舟岡周斎・妻木敬斎・勝沢一順に、書を藩祐筆久保一郎右衛門・萩原左一・小林弥十郎に学ぶ	二月、藩、札所本締三国与之助に金二万両調達を命ず。藩、領内幕府預所の最寄替○三月、藩、倹約を令す○九月、藩、趣法講組織に領民を加入せしむ。高島秋帆、西洋流砲術採用建白○この年、藩、執政松平主馬罷免
一二	一八四一	八	四月五日、弟綱維生まる○この年、藩儒高野真斎について学ぶ	四月、藩、銀千五百余貫一〇年間に割賦せしむ○五月、水野忠邦天保改革を令す○九月、藩、天保七年以降の凶作により物価すこぶる騰貴したため試みに諸株免札等を指し留む。藩、社倉を設立○一〇月、藩内南条郡沿海に海嘯
一三	一八四二	九		五月、藩、諸奉行に命じ新規商売を禁ず○七月、外

一四	一八四三	一〇	この年、『三国志』を通読し、ほぼその意を解す	船打攘令緩和○一〇月、藩、百石につき籾二俵を囲わしむ○この年、緒方洪庵『扶氏経験遺訓』を訳す○五月、慶永、徳川斉昭を訪ね、国主の心得を問う○六月一一日、慶永はじめて就国○八月、藩、紛糾せる幣制の根本的改革に着手。藩、札所総管本多筑後・司計河崎三郎助等を斥く。中根雪江を用人勝手掛とす○九月、水野忠邦老中罷免○閏九月、阿部正弘老中就任○一一月、藩、趣法改革。藩、備荒のため籾三千二百石を貯える
弘化一	一八四四	一一		正月、慶永帰府○五月六日、斉昭隠居謹慎（一一月免）○六月、水野忠邦老中再任○七月、オランダ使節コープス、国書を呈し開国をすすむ。藩、倹約を令す○八月、藩、三国その他の商人より一万両余を借る○一〇月、藩、三国の巨商内田惣右衛門に倚頼して累年の借財整理○一一月、藩、義免法制定
二	一八四五	一二	六月二〇日、弟綱常生まる○この年、剣術を鰐淵幸広、柔術を久野猪兵衛に	二月、水野忠邦老中罷免○三月、米捕鯨船浦賀来航○四月、藩、内田惣右衛門らに向う三ヵ年五万

年号	西暦	年齢	事蹟	参考事項
弘化三	一八四六	一三	学ぶ。藩立医学所済世館に入り漢方を学ぶ。宋の岳飛を慕い景岳と号す この年、父の診療を手伝い、往診にあたり、患者日記をつける。詩文をよくする	両を借る○五月、英船琉球来航○夏、藩内大水氾濫○この年、鈴木主税藩側向頭取に擢用 二月六日、仁孝天皇崩御、孝明天皇践祚（二月一三日）○四月、英仏船相ついで琉球に来る○閏五月二七日、米船浦賀に来り開国を求む○七月、福井城下暴風雨被害多し○一〇月三日、幕府外国事情を奏上
四	一八四七	一四	この年、研学診療にますますつとめる。詩文に習熟し、諸家の作品を評隲、詩友鈴木蓼処・文友矢島立軒としたしむ	六月二六日、オランダ再び外交上の忠告をなす○八月、藩、町方に命じ籾八百俵を義免し貯えしむ○九月一日、松平昭致（慶喜）一橋家相続○一二月、藩、領内損耗高を幕府に申告○この年、緒方洪庵撰の『病学通論』以下医書・兵書の翻訳・著述・刊行されるもの多し
嘉永一	一八四八	一五	六月、『啓発録』をあらわす○この年、吉田東篁の門に入る（一説弘化二年。一二歳）	八月、藩、西洋式大砲数門を鋳造○一二月、藩、牛痘苗を外国より取り寄せんことを幕府へ請願
二	一八四九	一六	冬、上阪、緒方洪庵適々斎塾入門（『適々斎塾姓名録』によると「嘉永第三晩	正月、藩、効果なきため産物の趣法をやむ。他国よりの移入を禁じ国産を奨励○閏四月八日、英艦

年号	西暦	年齢	事蹟	参考事項
			春入門」の項に記名されてある）。慶永より遣使褒賞さる	浦賀に来る○六月、藩、蘭学者市川斎宮招聘。藩、坂井郡泥原新保浦海岸に台場築造○七月、笠原良策上京、蘭医モーニッキ携来の苗痘をうけ、一一月、福井帰着○この年、藩、西洋式大砲六種一〇門を鋳造
三	一八五〇	一七		二月、藩、種痘所を設く○三月、藩、種痘所に料米支給○六月一一日、オランダ、海外事情を報じ米船の来り交易を求めようとする意あるを告ぐ○七月、藩、流派にかかわらず弟子を引立てるべきを文武師範に諭達○一〇月三〇日、高野長英自刃○一二月、御家流砲術制定○この年、長谷部甚平奉行となる。吉田東篁藩に登用（一〇人扶持）
四	一八五一	一八	五月ごろ、梅田雲浜と会う。このころ横井小楠と二度面会○九月一日、横井小楠につき熊本遊学の希望をのべる○一二月、父彦也負傷臥床○この年、藩手当金を支給さる（藩給費の始め）。笠原良策としきりに書翰を交わす	五月、藩、文武医学習業の他国留学生に対し資金五〇両を充つ○六—七月ころ、横井小楠福井来遊、吉田東篁らと会談○八月、藩、御匕医に対し、種痘法を疑い、笠原良策を貶することのないよう諭達○九月、藩、領内小児に強制種痘○一〇月、藩、除痘館設立

嘉永五	一八五二	一九	閏二月一日、大阪より帰国○一〇月八日、父彦也死去（四八歳）○一一月、家督相続（二五石五人扶持・藩医）	閏二月、藩、弓組を廃し銃組となす○三月、横井小楠、藩に『学校問答書』を上る。藩内府中大火、市街過半を焼く○八月一七日、オランダ甲比丹クルチウス、明年米艦渡来すべきを告ぐ○一〇月二二日、慶永、徳川斉昭に海防意見を求め、幕府への建白をすすめる○一〇月、鈴木主税、外患対策の意見を慶永に建言する
六	一八五三	二〇	一二月、種痘に出精の故をもって慶永より慰労の辞を受く○この年、医療に従事し、笠原良策・半井仲庵・宮永良山・大岩主一らと蘭書講読会を開く	三月、藩、堂形調練場を新営○四月二日、吉田松陰、紀州慶福将軍継嗣となるの噂を聞く○六月三日、ペリー浦賀来航○同月五日、慶永、江戸沿海要地の警備を命ぜらる○同月一三日、福井城下京町失火、延焼数千戸○同月二二日、家慶死去、家定襲職（一〇月二三日将軍宣下）○同月二三日、慶永、阿部正弘に対し、斉昭を家定の輔佐とすることをすすむ○六月、藩、西洋式大砲九門を鋳造○七月一日、幕府、諸大名に外交策諮問○同月二日、慶永、島津斉彬と一橋慶喜将軍継嗣推挙について談合？○同月三日、徳川斉昭海防議に参与

年号	西暦	年齢	事項	参考事項
				○同月一八日、プチャーチン長崎来航○八月七日、慶永、外交意見を答申○同月一〇日、慶永、阿部正弘に対し継嗣問題について入説○九月一五日、幕府、大船建造の禁を解く○九―一〇月、藩、洋砲鋳造師を招き、洋式銃を製造せしむ○この年、藩、坪井信良を招聘
安政一	一八五四	三	二月八日、吉田東篁母乳癌手術○同月二二日、江戸遊学出発○三月五日、江戸到着。坪井信良・杉田成卿・塩谷宕陰に入門○四月九日、吉田松陰（佐久間象山門人某）の下田韜晦失敗を聞く○五月、戸塚静海に入門○六月、塩町出火二千五百戸焼失し、福井自宅類焼○八月一八日、水戸藩士原田八兵衛を問う？○八―九月ごろ、少しずつ他藩士と交わる	正月一四日、ペリー再渡来○二月一二日、慶永、和親通商拒絶の時事建白○三月三日、日米和親条約締結○同月二七日、吉田松陰、下田韜晦失敗○五月、藩、由利公正らを製造掛とし、銃砲製造事業に着手。財政困難のため進捗せず、安政三年冬に至るまで小銃十挺をつくるのみ○同月、井伊直弼、松平乗全宛将軍継嗣の必要を論ず○八月二三日、日英和親条約締結○九月二日、オランダに対し下田・箱館を開く○一一月、藩領内強震○一二月二一日、日露和親条約締結
二	一八五五	三	六月一四日、藤田東湖より海警について内聴○同月、慶永より学業上達の褒	正月、藩、済世館、除痘館を附属合併○同月、井伊直弼、再び松平乗全宛将軍継嗣の必要を論ず○

年号	西暦	年齢	事蹟	参考事項
			辞・印籠を給せらる○七月二七－八日ごろ、藩命により帰国○一〇月、医員を免ぜられ書院番となる○一一月二八日、再度上府、途中一二月四日遠州中泉代官林鶴梁を訪う（一二月九日江戸着）。一二月一七日以後鈴木主税宅へ同居○一二月二七日、西郷吉兵衛（隆盛）・安島帯刀と初対面○この年、水戸藩士菊池為三郎と交渉をもつ	三月三日、毀鐘鋳砲の太政官符○同月一五日、藩校明道館創立○五月、藩、囲籾一万四千八百余石を四郡役所に頒ち用途を一任○六月二四日、明道館開館式○七月、藩、このころ蘭書翻訳を行う○八月四日、老中松平乗全罷免○同月一四日、徳川斉昭に政務参与・隔日登城を命ず○一〇月二日、江戸大地震、藤田東湖圧死○同月九日、堀田正睦老中再任
安政三	一八五六	二三	旧臘二〇日ごろより二月一〇日死去に至るまで、鈴木主税の看護にあたり力をつくす（半井仲庵と共同）○二月一九日、英辞書を使用。杉田成卿、『済生三方』校訂を依頼○二月二八日、水戸藩党争の事情を聞き、深い関心を払いしばしば水戸藩邸へ赴き、原田・菊池らと会う○三月三日、出府中別段三人扶持、翻訳御用に付一ヵ年金一〇両ず	正月、藩、医療上漢方・蘭方の区別なく相互に固執拘泥することのないよう医員に令す（漢方蘭方の兼学）○二月一〇日、鈴木主税江戸において歿す○四月、藩、領内三国表新保鰣網場外二ヵ所に台場新設を願う○七月一〇日、蘭国理事官クルチウス、英国総督ボーリング来航を予報○八月五日、ハリス下田着○一〇月三日、慶永、野村淵蔵に京都・大阪・彦根の情勢を探らしむ○同月六日、慶永、徳川慶恕に対し、一橋慶喜を将軍継嗣に擬

四

一八五七

二四

つ給さる○同月一九日、武田耕雲斎と会う○四月九日、鈴木主税墓表染筆を慶永に願おうとの意をのべる○同月一〇日、『リュジメンタ』出版の参考人となるを断わる○同月一一日、『回天詩史』を写しはじめる○同月二一日、帰国を命ぜらる○同月二六日、帰国をうながす中根雪江へ日本の国是と福井藩々弊を指摘、五大洲に武徳を輝かすことを論ず○五月九日、蝦夷地開発に着目、自ら彼地へ赴きたいとの意をのべる○同月二八日ごろ、江戸発○六月一四日、福井帰着○七月一七日、明道館講究師同様心得、蘭学掛○九月二四日、明道館幹事兼側役支配

正月一五日、明道館学監同様心得○四月一二日、建議して明道館内に洋書習学所を設ける○同月一三日、弟綱維、

する意見をのべ協力を求める。また蜂須賀斉裕・伊達宗城・島津斉彬・板倉勝昭に同じ意をのべ、これを幕府に入説する○同月一七日、老中堀田正睦、外国事務取扱○一〇月、慶永、攘夷の不可能を自認○一二月一八日、家定・篤姫婚儀

正月、福井城下四ヵ所に明道館外塾を設ける○三月、村田氏寿、横井小楠招聘交渉を兼ね中国・九州巡視に出発(七月帰国)○四月二二日、明道館内

明道館兵科局詰を命ぜらる○同月二二日、松岡町人学問所開設願いに対し、月番家老よりこれを指導するように命ぜらる○五月、制産に関する建議書起草○閏五月一五日、文武学制上の意見劄子一冊を松平主馬へ呈出○同月一八日、明道館に数学科を派立するにあたり、実用を旨とすべきことを月番家老より達せしめる○閏五月、農政に関する意見書起草○八月七日、福井発○同月一一日、尾張藩田宮弥太郎と会談○同月一三日、林鶴梁を訪う○同月二〇日、江戸着。侍読兼内用掛を命ぜらる○同月二五日、薩藩屋敷へ出向。このころ、一橋家平岡円四郎と初対面○九月七日(あるいは八・九日カ)、柳河藩立花壹岐と初対面○同月一二日、このころ、人をもって川路聖謨へ継嗣の件

に武芸稽古所を設け、剣・槍・柔・砲の諸術綜合○同月二七日、松岡火薬庫爆発○六月一七日、阿部正弘死去○七月二三日、徳川斉昭海防参与免○八月一四日、ハリス、江戸城登城許可公布○九月六日、慶永外四大名武備充実を建議○同月一三日、松平忠固老中再任○一〇月五日、慶永、継嗣問題につき久世広周と対面○同月一六日、慶永、松平斉裕とともに継嗣問題につき建白○同月二〇日、明道館内に算科局設立○同月二一日、ハリス登城、将軍謁見○同月二六日、ハリス、堀田正睦に対し通商開始の急務を説く○一〇月、継嗣問題のため石原期幸名古屋へ赴く○一一月六日、慶永、外二〇大名と連署して一〇年在藩し富国強兵の策をのべることをいう○同月一五日、幕府、ハリス演述書を諸大名に示し、可否の意見を問う○同月二六日、慶永、外交意見を上申○同月二七日、慶永、松平忠固を訪い継嗣問題を談じ慶喜の行状書を示し、こののちしばしば会談する○一一月、藩、

を入説せしむ○同月二九日、今村艸介へ借金返済の延期を申し出る○九月、本多修理・村田氏寿ら藩政・武備・学制等につき意見を求める○一〇月六日、このころ堤五市郎・三岡友蔵とともに時々講武場・海軍教授所へ赴く。また他藩との武術試合をもくろむ○同月七日、慶永・柳河・土佐・川越・因州ら諸大名の『大学』会読の侍講をつとむ○同月一一日ごろ、斎藤弥九郎と会談○同月二一日ごろ、慶永に対し『通議』『八家文』『資治通鑑』閲読をすすめ、伴読○同月二三日、由利公正、大砲についての調査を依頼○同月二四日、田宮弥太郎宛継嗣問題につき尾張藩の尽力を依頼○一一月四日、熊本藩長岡監物、国事尽力を求む○同月九日、このころ勧奨により堤五市郎ら福井藩城下志比口に銃砲製造所新設○一二月二日、堀田正睦、ハリスに対し公使駐剳・通商貿易を許容すべきを告げ、協議開始を約す○同月六日、西郷吉兵衛江戸着○同月八日、外交事情奏聞のため林韑・津田正路上京○同月一三日、幕府、朝廷に対し日米通商条約を許可すべきを奏す○同月一五日、幕府、ハリスとの応接書、ハリス提出の条約草案を三家以下諸大名に示し意見を問う○同月二七日、慶永、再度外交意見を述ぶ○同月二九日、幕府、諸大名に通商条約のやむをえぬことを告げ、可否を問う

年号	西暦	年齢	事項	一般事項
			士、柳河藩士と武術試合。このころ、村田氏寿へ『海国兵談』を送る○同月二八日、村田氏寿宛日露同盟論・統一国家体制の構想をのぶ○一二月九日、来訪した西郷吉兵衛に対し、大奥・堀田正睦などに対する周旋の方法を申し諭す○同月一四日、西郷吉兵衛をよび寄せ、大奥・家定夫人に対する周旋の秘策を授ける○同月一九日、田宮弥太郎宛再度継嗣問題の斡旋依頼○同月二八日、川路聖謨説伏の命を拝辞したき旨、慶永へ申し出る	
安政 五	一八五八	三五	正月一四日、慶永の直書をもって川路聖謨を訪い、継嗣問題について尽力を依頼、説伏する○同月二四日、福井留守宅近火あり○同月二五日、上京を命ぜらる○同月二七日、横山猶蔵・溝口辰五郎とともに上京○二月七日、着京○	正月五日、六〇日以内に条約調印を行う旨の堀田正睦の書をハリスに交付○同月二一日、堀田正睦上京(二月五日着京)○正月、藩、ライフル銃を幕府より借り大野某に製作させる○二月二二日、鷹司政通、調印勅許を主張○同月二三日、第一回勅答○三月九日、第二回勅答案を九条尚忠一人にて

同月九日、三条実万へ入説。このの ち一四・一六・二二・三〇日としきりに参殿○同月一四日、梁川星巌と対面?○同月一五日、このころから青蓮院宮家へ出入する○同月一七日、春日潜庵と対面○同月一七—二一日、罹病臥床○同月二〇日、川路聖謨・青蓮院宮の対面を斡旋○同月二一日ごろ、川路聖謨へ勅許周旋の助勢を申し出る○同月二九日、周旋運動費として五〇両費消、五〇〜百両の追加を中根雪江に依頼○三月一三日、三国大学の紹介により小林良典と面会○同月一四日、中根雪江へ対し、慶永より三国大学宛、継嗣問題において一橋慶喜を推薦するよう鷹司太閤へ働きかけることを依頼した直書をつかわすことを指示○同月一六日、慶永の意見とともに左内の名前も天皇

定めんとする○同月一〇日、三国大学・小林良典、鷹司太閤を切諫、対幕強硬論に転ぜしめるきざし見ゆ○同月一一日、藩内松岡火薬庫再破裂、閉鎖○同月一二日、下級公卿八八人、外交議幕府一任に結党反対(一三日三六人、一四日一九人)○同月一六日、慶永、尾張慶恕と会談、著効なし○同月一八日、慶永、三国大学宛直書を送る(二一日京着)○同月二〇日、第二回勅答○同月二一日、紀州派の反撃つよし○同月二二日、武家伝奏広橋光成・議奏万里小路正房ら堀田正睦に対し英傑・人望・年長三要件をもって継嗣決定するようとの勅旨を伝う○同月二四日、再伝達に際し、九条関白、英傑・人望・年長を除き事実上一橋にとって無力の文面となる○四月五日、堀田正睦ら帰府(二〇日江戸着)○同月七日、横井小楠福井到着○同月二三日、井伊直弼大老となる○同月二五日、幕府、勅書を示して諸大名の意見を問う○五月二日、慶永、井伊直弼と会見。堀田正睦、ハリ

の聴に入る○同月二一日、第二回勅答にも開鎖の明言ないため三条実万へ対し朝廷の不確かさを追及○同月二三日、大阪へ赴く。ただちに帰京？○同月二四日、岩瀬忠震・平山謙二郎と朝廷の固陋を嘆ず○同月二六日、大阪へ赴く○同月二七日、宇治平等院・東大寺・春日社見物（奈良一泊）○同月二八日、法隆寺見物（葛井寺一泊）○同月二九日、堺へ赴く○四月一日、夜帰京○同月三日、帰府の途につく。この日、横井小楠と会う（これ以前在京中も対面のことあり）○同月一一日、江戸帰着○同月一八日、御側向頭取格・御手許御用掛となり、役料百五十石を支給さる○同月二四日、このころ幕閣・大奥・諸藩に対し、日夜しきりに運動をつづける○五月一〇日より三-四日、間欲熱

ス に対し条約調印を七月二七日と約す○同月三日、井伊直弼、長野主膳に対し家定の意は慶福に決し、台命の下ったことを告ぐ○同月六日、川路聖謨・土岐頼旨左遷○同月一七日、西郷吉兵衛京都へ発向（六月九日帰麑）○同月二八日、堀田正睦、慶永に対し継嗣は慶福に決定せる旨告ぐ○六月一日、慶永、伊達宗城・山内豊信と継嗣問題について会談、年長・英明の者を選定すべき朝旨の下るべきを三条実万へ依頼○同月一四日、慶永、答申書提出○同月一九日、日米通商条約調印。慶永、井伊直弼を訪い、条約調印についてただす○同月二三日、堀田正睦・松平忠固老中罷免○同月二四日、慶永、井伊直弼を訪う。徳川斉昭・慶篤、尾張慶恕、慶永不時登城○同月二五日、慶福継嗣決定発表。このの ち岩瀬忠震・堀仲左衛門らにより挙大臣輔佐論唱えらる○七月三日、三家・大老の中上京の勅命○同月五日、斉昭急度慎、慶恕隠居・急度慎、慶永に隠居・急度慎を命じ松平茂昭

にかかる○六月一一日、瘧を病む（一六日ごろ全快）○七月三日、日下部伊三次を訪問すべきはずのところ、中暑のため叶わず、海苔を送る○同月五日夜、慶永親書を与えて自決を止めしむ。多年の忠勤を嘉され、硯箱を賜う○同月六日、慶永附御用兼命（側向頭取は従来のまま）○同月一四日、近藤了介宛政治運動の中止を指令○七月中旬より病気臥床、二〇日すぎはなはだ重し、風邪と不断の下痢になやむ（九月中旬全快）○同月、浪士東条譲次郎を推挙、藩これを雇聘し、蘭学方において翻訳を命ず○八月一四日、村田氏寿より水戸降勅を体し、井伊を倒すべきを慫慂○同月二二日、幕府密偵藩邸に来り「新参物御寵用との不審」をのぶ○同月二五日、西郷吉兵衛、出立のため

に継がしむ○同月六日、家定死去（発喪は八月八日）○同月一六日、島津斉彬死去○七月、蘭・露・英と通商条約調印○八月八日、水戸降勅○同月二六日、家中謹慎のための袴着用を止む○九月三日、間部詮勝上京（一七日着京）。日仏通商条約調印○同月七日カ、梅田雲浜逮捕○一〇月一七日、飯泉喜内逮捕○同月一八日、鵜飼吉左衛門・幸吉逮捕○同月一九日、長谷部甚平、慶永を福井へ移し、鯖江・彦根を討たんとの説をのぶ○同月二四日、間部詮勝参内、条約調印事情を分疏○同月二五日、家茂、将軍宣下○一一月一六日、西郷吉兵衛・月照入水○同月三〇日、頼三樹三郎逮捕

暇乞いに来談○九月九日、村田氏寿・長谷部甚平、降勅を体して蹶起をすすむ。このころ再び容態すぐれず○同月一七日以降、有馬新七・山県半蔵らと一〇月一日井伊襲撃を計画?○同月二五日、慶永に対しこの上とも謹慎をあつくすることを求む○一〇月一〇日、このころ姉烈子の婚家木内左織宅養子問題を周旋○同月一三日、慶永付御用兼を免ぜらる○同月一九日、村田氏寿、京都藩邸に一〇月六日ごろ幕府密偵の来れるを告ぐ○同月二二日、幕吏、藩邸内曹舎に来り捜索、書類を押収し訊問を行う○同月二三日、江戸町奉行石谷穆清に召喚され、庁舎において訊問をうけ、滝勘蔵方預け謹慎を命ぜらる○同月二八日、半井仲庵、左内問題は軽易にて片付くという○一一月八日、

安政　六	一八五九	二六	町奉行所において訊問を受く○同月一〇日、町奉行所において訊問を受く○同月三〇日、堤五市郎、左内は今年中に放免されるであろうという 正月八日、評定所において訊問をうく ○同月二一日、このころ姉婿木内左織、奥村家より養子を迎えることに決まる ○二月一三日、評定所において訊問をうく○三月四日、評定所において訊問をうく○五月二二日、横井小楠、左内の件は遠からず無事になろうという○六月一五日、貨幣改鋳の結果、金の高騰を見越し、小判を蓄積すべきを母に伝う○七月三日、評定所において訊問をうく○九月一〇日、評定所において訊問をうく○一〇月二日、入獄○同月七日、刑死	二月一七日、青蓮院宮慎を命ぜらる○四月二二日、鷹司政通・輔煕・三条実万・近衛忠煕、落飾・慎○五月二五日、吉田松陰東送（六月二五日着府）○八月二七日、幕府、斉昭を永蟄居、慶篤を差控、一橋慶喜を隠居・慎、安島帯刀を切腹、茅根伊予之介・鵜飼吉左衛門を死罪、同幸吉を獄門に処す。岩瀬忠震・永井尚志・川路聖謨を差控に処す○九月一四日、梅田雲浜病死○一〇月七日、飯泉喜内・頼三樹三郎刑死○同月二七日、吉田松陰刑死

主要参考文献

一、研究一般

○単行本

白土与五郎『幕末英傑橋本左内』一冊　明治三三年　名山閣
桐生政治『少年読本第三二編橋本左内』一冊　明治三四年　博文館
西村文則『橋本左内』一冊　明治四二年　昭文堂
滋賀貞『偉大なる青年橋本左内』一冊　昭和三年　武蔵野書院
大久保竜『橋本左内研究』一冊　昭和六年　玉川学園出版部
山田秋甫編『橋本左内言行録』一冊　昭和七年　福井県同刊行会
滋賀貞『景岳橋本左内』一冊　昭和一〇年　武蔵野書院
矢野安房『橋本景岳』（人物研究叢刊）一冊　昭和一〇年　金鶏学院

景岳会編『橋本景岳』一冊　昭和一四年　同全集刊行会
和田建爾『橋本左内の精神』一冊　昭和一七年　京文社書院
法本義弘『橋本左内』（偉人叢書）一冊　昭和一八年　三教書院
山本體水『大東亜の先覚橋本左内』一冊　昭和一九年　東雲堂
川端太平『橋本景岳』一冊　昭和二〇年　大政翼賛会福井県支部

○論文

中根雪江「橋本左内事迹」（『東西』六号）　明治三九年　晩成社
加藤斌「橋本左内先生」（『日本及日本人』四九六号）　明治四一年
有馬祐政「橋本景岳先生」（『日本及日本人』四九六号）　明治四一年
福本日南「橋本左内全集を読む」（『日南集』）　明治四三年　東亜堂
有馬祐政「天才越南に現はる（橋本左内先生を憶ふ）」（『日本及日本史』元旦号）　大正七年
上田恭輔「福井に洋風学校の創設せられた動機と橋本左内の国体論」

（『明治文化研究（新旧時代）』第三年第七冊号）　昭和　二年
三宅雪嶺「橋本左内先生」（『景岳会講演集』一）　昭和　三年
土肥慶蔵「医学育ちの橋本左内先生」（『景岳会講演集』一）　昭和　三年
徳富蘇峰「橋本左内先生」（『景岳会講演集』二）　昭和　三年
平泉　澄「橋本先生とその周囲」（『景岳会講演集』二）　昭和　三年
重野安繹「橋本左内先生五十年祭に際して」（『景岳会講演集』三）　昭和　三年
徳富蘇峰「橋本景岳先生」（『時勢と人物』）　昭和　四年　民友社
平泉　澄「橋本景岳先生」（『蘇峰先生古稀祝賀知友新稿』）　昭和　六年
同　「橋本景岳」（『武士道の復活』）　昭和　八年　至文堂
佐伯仲蔵「雲浜・景岳二先生の関係に就いて」（『伝記』二ノ一〇）　昭和一〇年
芦田伊人「橋本左内の勤皇愛国の精神」（『伝記』二ノ一〇）　昭和一〇年
伊藤武雄「景岳三十年」（『伝記』二ノ一〇）　昭和一〇年
玉川治三「橋本景岳」（『尊攘論』）　昭和一八年　四海書房
奈良本辰也「幕末変革期に於ける学問と政治（橋本左内）」（『近世封建社会史論』）

昭和二五年　要　書　房

山口宗之「橋本左内の政治運動とその理念」（『日本歴史』四七）　昭和二七年

三上嘉明「橋本左内の政治思想」（『広島大学教育学部紀要』一部、一九五七ノ五）　昭和三二年

山口宗之「幕末における統一国家観成立の背景とその限界（橋本左内の生涯と思想）」（『香川大学経済論叢』三〇ノ一）　昭和三二年

川端太平「東篁塾における橋本左内」（『若越郷土研究』三ノ五）　昭和三三年

高村　親「左内先生の魂魄に忠僕幸吉氏が接したこと」（『若越郷土研究』三ノ五）　昭和三三年

山口宗之「開国と橋本左内の立場」（『歴史教育』七ノ一二）　昭和三四年

二、史　料

景岳会編『橋本左内全集』一冊　明治四一年　同　会　刊

同　『橋本景岳全集』上下二冊（改定版）　昭和一八年　畝　傍　書　房

山口宗之編『全集未収橋本左内関係史料研究』一冊　昭和四〇年　自費出版

三、参考

○単行本

福地源一郎『幕末政治家』一冊　明治三三年　民友社
三岡丈夫『由利公正伝』一冊　大正五年　光融館
渋沢栄一『徳川慶喜公伝』八冊　大正七年　竜門社
福井県『福井県史』二一冊　大正一一年　福井県
山崎正董『横井小楠伝』上中下三冊　昭和一七年　日新書院
信夫清三郎『マニュファクチュア論』一冊　昭和二四年　河出書房
川端太平『松平春嶽』一冊　昭和四二年　吉川弘文館
山口宗之『改訂増補幕末政治思想史研究』一冊　昭和五七年　ぺりかん社

○論文

加藤亥八郎「越前藩における改革とその構想」(『日本史研究』一八)　昭和二八年

永江新三「所謂一橋派の性格について」(『日本歴史』六五) 昭和二八年

山口宗之「安政五年の違勅問題をめぐる政治思想史的考察」(『史淵』五七・六〇) 昭和二八・九年 九州史学会

同 「幕末国体論の一考察(永江新三氏の批判に答えて)」(『日本歴史』七三) 昭和二九年

同 「天保期における藩政の改革(福井藩)」(『明治維新史研究講座』二) 昭和三三年 平凡社

同 「安政政治史の一視点(違勅問題の再吟味)」(『歴史教育』六ノ一二) 昭和三三年

畦地享平「幕末における『公議政体論』の展開」(『日本史研究』四四) 昭和三四年

○史料

『昨夢紀事』四冊 大正九〜一〇年 日本史籍協会

『再夢紀事』一冊 大正一一年 日本史籍協会

『松平春嶽全集』四冊　昭和一四～四八年　同編纂刊行会

山崎正董編『横井小楠遺稿』一冊　昭和一七年　日新書院

井伊大老史実研究会『井伊大老の研究』一冊　昭和二五年　同研究会

東京大学史料編纂所『大日本維新史料類纂之部井伊家史料』一―二三（以下続刊）　昭和三四～平成一三年　東京大学出版会

著者略歴

昭和三年生れ
昭和二十六年九州大学文学部国史学科卒業
九州大学教授、久留米工業大学教授等を経て
現在　九州大学名誉教授、文学博士

主要著書

全集未収橋本左内関係史料研究　真木和泉
改訂増補幕末政治思想史研究　ペリー来航前後　吉田松陰　西郷隆盛　井伊直弼―はたして剛毅果断の人か？　陸軍と海軍―陸海軍将校史の研究

人物叢書　新装版

橋本左内

一九六二年（昭和三十七）二月二十八日　第一版第一刷発行
一九八五年（昭和六十）十二月一日　新装版第一刷発行
二〇〇四年（平成十六）四月二十日　新装版第四刷発行

著者　山口宗之（やまぐちむねゆき）
編集者　日本歴史学会
代表者　平野邦雄
発行者　林英男
発行所　株式会社吉川弘文館
東京都文京区本郷七丁目二番八号
郵便番号一一三―〇〇三三
電話〇三―三八一三―九一五一〈代表〉
振替口座〇〇一〇〇―五―二四四
http://www.yoshikawa-k.co.jp/
印刷＝株式会社平文社
製本＝ナショナル製本協同組合

『人物叢書』(新装版)刊行のことば

人物叢書は、個人が埋没された歴史書が盛行した時代に、「歴史を動かすものは人間である。個人の伝記が明らかにされないで、歴史の叙述は完全であり得ない」という信念のもとに、専門学者に執筆を依頼し、日本歴史学会が編集し、吉川弘文館が刊行した一大伝記集である。

幸いに読書界の支持を得て、百冊刊行の折には菊池寛賞を授けられる栄誉に浴した。

しかし発行以来すでに四半世紀を経過し、長期品切れ本が増加し、読書界の要望にそい得ない状態にもなったので、この際既刊本の体裁を一新して再編成し、定期的に配本できるような方策をとることにした。既刊本は一八四冊であるが、まだ未刊である重要人物の伝記についても鋭意刊行を進める方針であり、その体裁も新形式をとることとした。

こうして刊行当初の精神に思いを致し、人物叢書を蘇らせようとするのが、今回の企図である。大方のご支援を得ることができれば幸せである。

昭和六十年五月

日本歴史学会

代表者　坂本太郎

〈オンデマンド版〉
橋本左内

人物叢書　新装版

2021年（令和3）10月1日　発行

著　者　山口宗之（やまぐちむねゆき）

編集者　日本歴史学会
代表者　藤田　覚

発行者　吉川道郎

発行所　株式会社　吉川弘文館
〒113-0033　東京都文京区本郷7丁目2番8号
TEL　03-3813-9151〈代表〉
URL　http://www.yoshikawa-k.co.jp/

印刷・製本　大日本印刷株式会社

山口宗之（1928～2012）

ISBN978-4-642-75022-6